Kazimierz Szymeczko

A TO HISTORIA!

Opowiadania z dziejów Polski

LITERATURA

Kazimierz Szymeczko
A to historia!
Opowiadania z dziejów Polski

© by Kazimierz Szymeczko
© by Wydawnictwo Literatura

Okładka:
Piotr Płonka

Ilustracje:
Aneta Krella-Moch

Korekta i skład:
Lidia Kowalczyk, Joanna Pijewska

Wydanie III

ISBN 978-83-7672-346-4

Wydawnictwo **Literatura**, Łódź 2014
91-334 Łódź, ul. Srebrna 41
handlowy@wyd-literatura.com.pl
tel. (42) 630 23 81
faks (42) 632 30 24
www.wyd-literatura.com.pl

Kazimierz Szymeczko

A TO HISTORIA!

Opowiadania z dziejów Polski

Ilustrowała
Aneta Krella-Moch

Historynek

Wierszynek

Militarek

Chrzest Polski

Gdy w bibliotece nie było już nikogo, mól książkowy Historynek wyszedł z *Ilustrowanych dziejów Polski* i przeciągnął się.

– Co nowego słychać? – zagadnął go Militarek, gramoląc się spomiędzy kart *Wojny peloponeskiej*.

– Mieszko ochrzcił się wraz ze wszystkimi poddanymi i pojął za żonę Dobrawę – odpowiedział zapytany, drapiąc się po plecach.

– Też mi nowina! – roześmiał się Wierszynek. – To było tysiąc lat temu!

– Dokładnie w roku 966. To pierwsza zapisana wiadomość o Polsce.

Mole książkowe przegryzają się przez wszystkie dzieła, ale, jak to z gustem i smakiem bywa, mają różne upodobania. Militarek najczęściej przebywa w powieściach wojennych, Wierszynek zasmakował w poezji, a Historynek – zgodnie ze swoim imieniem i tradycją rodzinną – wgryza się w stare kroniki.

– Przed X wiekiem naszej ery doskonale radziły sobie na tych ziemiach plemiona Polan i Wiślan, ale dopiero książę Mieszko I połączył je w jedno państwo. Żeby tego dokonać, wyrzekł się wiary w słowiańskie bóstwa. Jego przodkowie składali ofiary wielu bogom, wierzyli w moc świętych drzew i gajów, ale każde plemię słowiańskie miało własną odmianę religii. To nie pomagało w tworzeniu nowego kraju, więc Mieszko przyjął chrzest i ożenił się z córką księcia czeskiego.

– I bardzo dobrze zrobił! – przerwał mu Militarek. – Chrzest Polski i przymierze* z południowymi sąsiadami pomogły mu w walkach z margrabiami niemieckimi, którzy chcieli zahamować rozwój państwa Mieszka i panować na Pomorzu. Książę stłukł ich na kwaśne jabłko pod Cedynią w 972 roku. Pierwsi duchowni chrześcijańscy przybyli do Polski z orszakiem ślubnym Dobrawy. Gdyby sprowa-

---

* przymierze – sojusz; umowa między dwoma państwami, zobowiązująca do wzajemnej pomocy w razie wojny, ale i w czasach pokoju

dził misjonarzy z Niemiec, uznaliby Polaków za swoich poddanych. Dlatego lepiej było przyjąć chrzest z Rzymu przez czeskiego biskupa Jordana i oddać się pod opiekę papieża bez germańskich pośredników.

— Nie chodziło tylko o bitwy — obruszył się Wierszynek. — Budowano nowe grody, zamki, kościoły, rozwinęła się kultura. Gniezno zostało pierwszą stolicą Polski, która dołączyła do krajów chrześcijańskiej Europy.

– Najważniejsze, że powstało jedno państwo, a syn Mieszka i Dobrawy – Bolesław Chrobry – doczekał się korony królewskiej – próbował pogodzić przyjaciół Historynek.

– A mnie i tak najbardziej się podobało, jak to wojewoda Skarbek oglądał kosztowności cesarza niemieckiego. Henryk V myślał, że oszołomi posła swoim bogactwem, a ten zdjął z palca pierścień i dorzucił go do stosu monet ze słowami: „Idź złoto do złota, my Polacy mamy żclazo i żelazem bronić się będziemy".

– Pięknie powiedziane – westchnął Wierszynek.

– To było sto lat później! – złapał się za głowę Historynek. – A w dodatku to legenda, a nie fakt historyczny.

– …a my żelazem bronić się będziemy – powtórzył z uporem Militarek i wlazł do drugiego tomu *Historii wojskowości*.

Gdy zatrzasnął za sobą okładkę, mole spojrzały po sobie i westchnęły. Ich przyjaciel stał się bardzo nerwowy, od kiedy zaczął toczyć boje z chochlikami drukarskimi. Te stworzenia robiły w bibliotece więcej szkody niż wszyscy czytelnicy-niszczyciele razem wzięci.

– Już tysiąc lat mole książkowe żyją w dziełach poświęconych Polsce – zadumał się Wierszynek. – Kawał czasu. To już nasza ojczyzna… Jak wielka biblioteka…

– A wszystko zaczęło się od tego, że książę Mieszko I ochrzcił się i pojął za żonę czeską księżniczkę, Dobrawę – dorzucił Historynek.

– Może to nie nowość, ale warto o takich sprawach pamiętać.

Pierwszy król

Historynek siedział na najwyższej półce regału bibliotecznego, przymierzając korony królewskie, które wyjmował z albumu *Skarby Wawelu*.

– Nie ma złego bez dobrego – zauważył filozoficznie.

Militarek i Wierszynek spojrzeli na niego z zaciekawieniem.

– Mówiłem wam, że Mieszko pojął za żonę Dobrawę i został księciem Polski? – ciągnął mól. – Dzięki temu jego syn, Bolesław, mógł się koronować na pierwszego króla!

– No tak – mruknął Militarek. – Ojciec musiał się ochrzcić i w dodatku ożenić, żeby inne państwa zaczęły poważnie traktować syna.

– Nie o to mi chodzi! – złapał się za głowę Historynek.

– Mieszko, a po nim Bolesław, sprowadzali z Czech misjonarzy i budowali pierwsze kościoły, ale niełatwo było wprowadzić nową wiarę – tłumaczył Wierszynek. – Zakonnik Wojciech wybrał się bezbronny do kraju Prusów, a oni go zabili. To było złe.

– Niech mnie kule na mole biją! – śmiał się Militarek. – Ja się poganom nie dziwię. Gdyby teraz zjawił się tu jakiś obcy i zaczął namawiać ludzi, by składali ofiary posągowi Światowida, to też oberwałby po głowie czymś twardym!

Historynek pokiwał głową.

– Śmierć Wojciecha to zło, ale wkrótce obwołano go świętym. Bolesław Chrobry wykupił ciało męczennika za tyle złota, ile ważyło ciało Wojciecha, i pochował go w Gnieźnie. Nie ma złego bez dobrego! Do grobu świętego przychodzili liczni pielgrzymi, a w roku 1000 przybył do Polski sam cesarz niemiecki Otton III. Był on tak zdumiony bogactwem i potęgą słowiańskiego państwa, że w czasie uczty zdjął z głowy swój cesarski diadem i założył go na skronie Bolesława.

– „Nie uchodzi, by tak wielkiego męża księciem nazywać, lecz wypada chlubnie wynieść go na tron królewski i wywyższyć koroną". – Wierszynek

Był mi drogi za ży jeszcze dro po śmierc

natchnionym głosem wyrecytował słowa Ottona i wcisnął Militarkowi największą koronę aż na same uszy.

– I tak zaczęły się starania Bolesława o prawdziwą koronację –
ciągnął Historynek, rozdzielając przyjaciół. – Cesarz i papież popierali Chrobrego, ale na tron niemiecki wstąpił Henryk II.

– Zaczęły się wojny, ale nie ma złego bez dobrego – wtrącił Militarek. – Polacy kilka razy spuścili najeźdźcom taki łomot, że ci
zgodzili się wreszcie na podpisanie pokoju i uznali niepodległość
państwa Piastów.

– Bolesław potrafił nie tylko walczyć. Był cierpliwy i uparty –
dumał Historynek. – Uroczysta koronacja odbyła się dopiero wio-
sną 1025 roku.

– Warto było czekać – westchnął Wierszynek. – To był wielki
dzień! Arcybiskup Hipolit okrył władcę purpurowym płaszczem, założył mu na głowę koronę, wręczył berło i złote jabłko królewskie…

– A także namaścił poświęconymi olejami – dokończył Militarek, znienacka przybijając przyjacielowi na czole pieczątkę biblioteki.

Historynek machnął ręką i wlazł do jakiejś kroniki. Usłyszał
jeszcze głos Militarka:

– No co! Sam mówiłeś, że nie ma złego bez dobrego. Bolesław
Chrobry został pierwszym polskim królem, a Wierszynek przy okazji Pierwszym Ostemplowanym Polskim Molem Bibliotecznym!

Dzień Kronikarza

Mole książkowe biegały po bibliotece, przygotowując się do obchodów Dnia Kronikarza. Niestety, każdy z nich inaczej wyobrażał sobie to skromne święto. Wierszynek rozsypywał dokoła nutki ze starych utworów i przystrajał regał fragmentami wierszy.

– Co to ma być? – dziwił się Historynek, siadając na fotelu wyjętym z *ABC majsterkowicza*.

– To strawa duchowa. Nie można stale obgryzać książek kucharskich.

Powietrzem wstrząsnął wybuch.

– Święta powinno się obchodzić hucznie! – wołał czarny od sadzy Militarek, ciągnąc za sobą olbrzymią, średniowieczną armatę.

– A nie wystarczy usiąść wygodnie i trochę powspominać?

– Ano właśnie… – zadumał się Wierszynek. – A swoją drogą, od rana zastanawiam się, kogo my właściwie chcemy uczcić?

– No… wszystkich polskich kronikarzy… i już! – Militarek nie miał żadnych wątpliwości.

– Najstarsze zapisy o Polsce znajdują się w kronikach innych państw – oznajmił z wyższością Historynek. – Później dzieje kraju Piastów utrwalali podróżnicy i kupcy, którzy wędrowali przez te ziemie, a najstarsza polska kronika została napisana przez cudzoziemca.

> Żadnych autografów! Jestem tu anonimowo.

– Anonim, czyli „nieznany" – wtrącił Wierszynek. – Nazywano go Gallem Anonimem, bo podobno pochodził z Galli, czyli obecnej Francji.

– Tak jak Gall Asterix! – skojarzył Militarek.

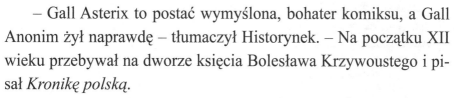

– Gall Asterix to postać wymyślona, bohater komiksu, a Gall Anonim żył naprawdę – tłumaczył Historynek. – Na początku XII wieku przebywał na dworze księcia Bolesława Krzywoustego i pisał *Kronikę polską*.

– Wolę kronikę Wincentego Kadłubka – oblizał się Militarek.

– Gall pisał tylko prawdę, a mistrz Wincenty mieszał fakty z legendami i swoimi zmyśleniami. Nie można mu zbytnio ufać.

– Ale to Kadłubek utrwalił piękne legendy o Piaście Kołodzieju, księciu Kraku i Wandzie, co nie chciała Niemca... – rozmarzył się Wierszynek. – W XIII wieku takie opowieści uważano za prawdę spisaną dla pouczenia kolejnych pokoleń.

– A jakie bitwy wygrywali polscy władcy na kartach jego kroniki! Pokonali nawet Aleksandra Macedońskiego i Juliusza Cezara!

– Wiecie, że to niemożliwe – boczył się Historynek. – Każdy z tych wodzów żył w innych czasach… Nie mogli się spotkać!

– Niemożliwe, ale piękne! – zgodnie zawołali Wierszynek i Militarek.

– Dla mnie najpiękniejsze są *Dzieje Polski* spisane w XV wieku przez Jana Długosza. To był nie tylko dziejopisarz, ale i prawdziwy badacz historii. Największy polski kronikarz! Jemu można ufać!

– Nie unoś się tak, Historynku – uspokajał przyjaciela Wierszynek. – Każdy wiek ma swoje prawa. Kroniki są rozmaite, bo powstawały w różnych czasach. Współczesne dzieła historyczne także że różnią się od dawnych, średniowiecznych, pisanych w języku łacińskim za pomocą gęsiego pióra na pergaminie… Kronikarz często mieszkał na dworze władcy i pisał dobrze o jego przodkach i nim samym, a o przeciwnikach – niekoniecznie. Gall Anonim chwalił Bolesława Chrobrego, Bolesława Śmiałego i Bolesława Krzywoustego, który go wynajął do opisania dziejów Piastów. Późniejsi kronikarze przepisywali dzieła poprzedników, dodając coś od siebie lub pomijając niewygodne fakty.

A może by tak urozmaicić fakty historyczne jakąś romantyczną historyjką?

– Każdy naród tworzy swoją historię i wygrywa wszystkie bitwy albo przynajmniej remisuje – prychnął Militarek.

Kichnął wtedy czy zakaszlał? Trzeba to ustalić.

– Przed wiekami niewielu ludzi potrafiło pisać i czytać. Kronikarz był osobą poważaną i ufano mu, bo potrafił utrwalić historię na specjalnie przygotowanej cienkiej skórze. Nawet jeśli coś przekręcił, to i tak tworzył coś niepowtarzalnego – wtrącił Wierszynek.

– A mniej wprawni w układaniu zdań, ale cierpliwi kopiści, przepisywali pierwszą księgę, by chronić wiadomości. Podobno istniało osiem odpisów *Kroniki polskiej*. Do naszych czasów zachowały się trzy. Dzisiejszy dzień też będzie za sto lat fragmentem historii, jeżeli ktoś go opisze…

– Aby było o czym pisać, to powinno być hucznie! – krzyknął Militarek i dał ognia z armaty tak, że mole omal nie pospadały z regału.

Uwaga na zamachowców!

– **N**ie spać! Czuwać! Drzwi zamykać! Uważać na zamachowców!

Militarek ubrany w czarny garnitur i takie same okulary łaził po regale i zaglądał za okładki książek.

– Co się stało? – ziewnął Wierszynek.

– Warty wystawiać! Króla własnym ciałem zasłaniać! Chronić głowę państwa! – Antyterrorysta nie przerywał obchodu.

– Nic zwracaj na niego uwagi. Polska to spokojny kraj. Może nie całkiem, ale w porównaniu z innymi państwami rzadko ktoś podnosił rękę na króla – uspokoił go Historynek.

– A Przemysł II to na katar umarł? – mruknął Militarek.

– Co racja, to racja. Jednego króla zamordowano, prawda, ale bardzo dawno temu. Prawdopodobnie strażnicy się pospali.

– Przykra historia. Krótko panował i jeszcze zginął na koniec karnawału. Śpiewano o tym ballady i opowiadano legendy – westchnął Wierszynek.

– Prawda jest taka, że Przemysł II koronował się w Gnieźnie w czerwcu 1295 roku, a dziewięć miesięcy później już nie mieliśmy króla – rozłożył ręce znawca historii.

– Po koronacji król odwiedził miasta na Pomorzu Gdańskim i nadał im przywileje. Nie zapomniał też o prawach klasztorów. Potem gościł w Wielkopolsce i starał się zjednoczyć kraj. Trzeba pamiętać, że nie on jeden starał się o koronę.

– Podobno z Władysławem Łokietkiem nawet się lubili. – Miłośnik sztuki trochę przesadził.

– Po rozbiciu dzielnicowym w kraju było kilkudziesięciu książąt[*]. Mieli mniejsze i większe plany i ambicje. Jeśli pięciu z nich chciało opanować cały kraj, to każdy miał przyjaciół i wrogów. Ale Władysław Łokietek, który później też doczekał się korony, nie zabił Przemysła II – tłumaczył Historynek.

– To zrobili margrabiowie brandenburscy. Oni też chcieli władać Pomorzem i Wielkopolską, a nowy król był dla nich niewygodny. Dlatego zaplanowali porwanie. Gdyby udało im się złapać i uwięzić Przemysła, mogliby stawiać warunki… – Antyterrorysta spojrzał wymownie na przyjaciół.

Wierszynek cofnął się odruchowo, ale nie ucichł.

---

[*] Po śmierci Bolesława Krzywoustego ziemie polskie uległy rozdrobnieniu na coraz mniejsze księstwa. Kraj nie posiadał jednego władcy, ale prawie każdy książę miał możliwość sięgnięcia po koronę.

– Król też musi czasem odpocząć – stwierdził. – Rządzenie to trudny zawód. Wybrał się do Rogoźna na zapusty**. Oglądał turnieje rycerskie, ucztował, bawił się, jak to w karnawale… Nie można wiecznie podpisywać traktatów i odwiedzać miast.

___
** zapusty – ostatki, ostatnie dni karnawału

– Ale w jego otoczeniu znaleźli się zdrajcy, którzy pomogli za- machowcom. – Ochroniarz zaświecił mu w oczy latarką.

– Zabierz tę lampę. Chyba mnie nie podejrzewasz?!

– Podejrzewam wszystkich!

– Militarku, przecież wiadomo, że na rozkaz Brandenburczy- ków wyruszył oddział kilkudziesięciu zbrojnych. Zimą noce są dłu- gie, więc już dzień wcześniej przekroczyli granicę i zaczaili się. Na pewno ktoś im pomagał. Może mieli szpiegów. Zaatakowali o świ- cie. Chcieli porwać Przemysła, ale król bronił się – zadano mu wie- le ran. W takim stanie nie można było go wywieźć do Brandenbur- gii, bo wykrwawiłby się po drodze.

– Więc porywacze go zabili i uciekli, bo pogoń już była na ich tropie. A wszystko dlatego, że wartownicy chrapali! – Wojowniczy mól poprawił ciemne okulary.

– Przykre, ale dzięki działaniom Przemysła II kolejni książęta czegoś się nauczyli. Walka o tron i jednoczenie księstw to niebez- pieczne zajęcie – pokiwał głową Historynek.

– Na Zygmunta I Starego też dokonano zamachu! Gdy prze- chadzał się krużgankami Wawelu, ktoś do niego strzelił. I też było ciemno. Nigdy nie ustalono, kim by agresor…

– Wiadomo tylko, że trzy tygodnie wcześniej Zygmunt podniósł podatki – chrząknął Historynek.

– Jakie to szczęście, że zamachowcy nie strzelają do wszyst- kich, którzy podnoszą podatki. Nie mielibyśmy rządu. – Wierszynek uparł się, że znajdzie dobre strony w opowieści.

– Czasem wystarczy osobista uraza. Szlachcic Michał Piekarski zadał królowi Zygmuntowi III Wazie dwa ciosy czekanem[***]. Może chodziło o różnice religijne, może o pozbawienie prawa zarządzania majątkiem, a może Piekarski był szaleńcem? W młodości rozbił głowę i od tego czasu miał bardzo zmienne nastroje. Dziś nazwano by to depresją – pokiwał głową historyk.

– Przynajmniej go złapano i przykładnie ukarano! Królobójców trzeba eliminować! Po torturach ciało zamachowca spalono, zmieszano z prochem artyleryjskim i wystrzelono z armaty! – Ochroniarz nie nadawał się na negocjatora.

– Pozostało powiedzenie: „Pleść jak Piekarski na mękach", czyli mówić brednie. No i wybudowano nad miejscem zamachu piękny ganek, łączący kościół świętego Jana z Zamkiem Królewskim.

– Jeszcze powiedz, że dzięki zamachowcom rozwinęła się architektura. – Militarek popukał się palcem w czoło. – Sztuka jest bardzo szkodliwa – dodał.

– Jak to? – zapytali jednocześnie przyjaciele.

– Prezydent Gabriel Narutowicz wybrał się na otwarcie galerii i został zastrzelony przez malarza!

– Może dlatego późniejsi prezydenci rzadziej…

– Ręce do góry! Dokumenty do kontroli! Od początku was podejrzewałem!

Wierszynek i Historynek uciekli do *Atlasu świata* i przez tydzień ukrywali się w Australii.

[***] czekan – broń w kształcie osadzonego na lasce toporka z młotkiem

Z drewna, kamienia i cegły

– **U**dowodnię ci, że słowiańskie budowle były z biegiem czasu coraz piękniejsze! – pieklił się Wierszynek.

– Mało ważne – machnął ręką Militarek. – Grunt, że były obronne.

– A o co właściwie chodzi? – Historynek podszedł do kłócących się przyjaciół.

– Popatrzcie! – Wierszynek otworzył *Ilustrowane dzieje architektury*. – Już ponad dwa tysiące lat temu Prasłowianie budowali solidne osady. Na przykład Biskupin: duże chaty ustawione rzędami, po jednej dla każdej rodziny. Ulice na tyle szerokie, żeby mogły się wyminąć dwa wozy ciągnięte przez woły. Drogi wyłożone kłodami drewna. Warsztaty rzemieślników i miejsce zgromadzeń. Wszystko uporządkowane, regularne, piękne!

– Porządek musi być. Siedlisko wygląda jak dobrze zagospodarowane koszary. Jest otoczone wałem ziemnym i palisadą, czyli ogrodzeniem z zaostrzonych pni wbitych jeden przy drugim – pozornie zgodził się Militarek.

– Nie o to mi chodzi – zżymał się Wierszynek. – Słowianie nie byli wojowniczym ludem. Uprawiali ziemię, zbierali leśny miód, poznali z biegiem czasu różne rzemiosła, polowali... A grody takie jak Kalisz powstawały już w II wieku naszej ery.

– Kalisz rozwijał się szybko, bo leżał na bursztynowym szlaku! – wtrącił Militarek.

Historynek, który stał się sędzią mimo woli, przytaknął.

– Starożytni Rzymianie wędrowali tamtędy nad Bałtyk. Po nich zjawili się kupcy z innych dalekich krain. Gospodarze wymieniali skóry, miód, bursztyn i zwierzęta na żelazne noże, siekiery, groty do strzał i ozdoby. Przy okazji dowiadywali się, jak żyją ludzie w innych krajach i co potrafią. Uczyli się.

– By rozwijać własny przemysł i budować trudniejsze do zdobycia twierdze! – obstawał przy swoim Militarek. – Bo przed gośćmi z innych krain trzeba się mieć na baczności. Raz zawitają kupcy, a raz wojownicy!

– Przesadzasz – nie ustępował Wierszynek. – Handel wszystkim się opłacał i dlatego pierwsze budowle kamienne powstały w stylu romańskim – czyli rzymskim! Zaczęło się od bursztynowego szlaku, później Rzymianie podbijali Europę, a gdy wielkie państwo osłabło, inne narody przejęły jego sposób budowania oraz język łaciński i kulturę.

– Nie próbuj wygrać za wszelką cenę! – ofuknął oszusta Historynek. – Sztuka romańska łączy się z początkami chrześcijaństwa w Polsce, czyli z X wiekiem, a nie ze starożytnymi Rzymianami.

– Nieważne! – triumfował Militarek. – Prawdą jest, że mury były grube, drzwi wąskie, okna podobne do otworów strzelniczych, a pierwsze kościoły przypominały okrągłe wieże obronne.

– Ty też przesadzasz. – Historynek aż się spocił przy rozstrzyganiu sporów. – W świątyniach można było się bronić, ale nie po to wznoszono rotundy* i obszerniejsze od nich kolegiaty**…

– Aż wreszcie zapanował smukły styl gotycki! – wpadł mu w słowo Wierszynek. – Okna były większe, zakończone ostrym łukiem. Budowle stawały się coraz wyższe i piękniejsze. Murowano

---

* rotunda – okrągła budowla zakończona kopułą

** kolegiata – kościół, przy którym znajduje się zgromadzenie kanoników, duchownych świeckich

25

tak nie tylko katedry, ale i zamki. A potem całe miasta z ratuszami, sukiennicami***, uniwersytetami… I kto tu mówi o wojnie? – puszył się jak paw.

– Zapomniałeś dodać, że te zamki, grody i podgrodzia opasywano pięknymi, solidnymi murami obronnymi… oczywiście też w stylu gotyckim – przedrzeźniał go Militarek.

– Dajcie już spokój! – Historynek przeglądał karty albumu. – Najważniejsze, że przez wieki ludzie dokonali wielkiego postępu. Przeszli od drewnianej kurnej chaty****, przez zamczyska z ciosanego kamienia, do wygodnych, bezpiecznych i pięknych budowli ceglanych…

– Najważniejsze, że bezpiecznych – wtrącił Militarek.

– Najważniejsze, że pięknych – odparował Wierszynek.

– Najważniejsze, że w architekturze jedno nie przeszkadza drugiemu – pogodził ich Historynek.

*** sukiennice – budynek mieszczący w sobie sklepy, kramy z suknem, czyli tkaninami z czystej wełny

**** kurna chata – wiejska chata bez komina

Średniowieczne wojowanie

Wierszynek i Historynek, zakuci w zbroje, siedzieli na wieży zamku zbudowanego z książek i spoglądali na siebie niepewnie.

– Już zaczynam żałować, że zgodziłem się na ćwiczenia bojowe wymyślone przez Militarka – westchnął miłośnik poezji.

– Na początek zaatakuję was baranem na kozłach! – Trzeci mól wyrósł jak spod ziemi.

– To zajmiemy się zoologią, a nie walką? – spytał Wierszynek z nadzieją.

– Baran, zwany też taranem, to belka okuta żelazem i zawieszona na stojakach. Gdy się ją rozhuśta, kruszy mury i bramy. – Militarek przysunął machinę do wejścia zamku i wyrżnął w nie z całej siły.

– Tak walczono w Polsce już we wczesnym średniowieczu – wyjaśnił Historynek. – Jako obrońcy zamku powinniśmy oblać nacierających wrzątkiem lub smołą i zrzucić im na głowy kamienie.

– Jakim „im"? – Wierszynek pogubił się w niecodziennej sytuacji. – Przecież Militarek jest sam...

– Na ćwiczeniach jest sam, ale wszystkie machiny oblężnicze były ciężkie i obsługiwało je po kilkunastu wojaków, a nawet... – nie dokończył, bo oberwał w ucho papierową kulą.

– A teraz wprowadzam do walki katapulty! Macie szczęście, że używam amunicji ćwiczebnej, a nie prawdziwych głazów!

– No to już wiesz, że napastnicy ciskali, czym popadnie, w mury i za nie, by niszczyć warowne miasta* – mruknął trafiony.

– Wyglądają jak naprężone łyżki albo duże kusze, proce... – Wierszynek wychylił się z książkowej fortecy.

– Płonące strzały sobie, niestety, darujemy, bo w bibliotece łatwo zaprószyć ogień – mruczał pod nosem Militarek.

– Przystaw drabinę – radził Historynek. – Przygotowałem już długi kij z hakiem, by cię z niej zrzucić.

– Figa z makiem! Miałem taki zamiar, ale niepotrzebnie zdradziłeś mi swoje plany. Użyję wieży oblężniczej!

– Źle z nami. Wieża okryta jest mokrymi skórami, więc niełatwo ją podpalić; drabiny i podesty dla łuczników są w środku, za obudową, a całość porusza się na kołach. Gdy podjedzie pod mury, przerzuci kładkę na nasze blanki** i wedrze się do środka. Biegnij po miecze, topory i tarcze!

---

* miasto warowne – miasto zabezpieczone przed wrogiem np. murem lub fosą

** blanki – zwieńczenie murów i baszt obronnych w średniowiecznych zamkach; chroniło łuczników strzelających przez prześwity

– To uczciwa średniowieczna walka! Gdy cesarz Henryk V oblegał Głogów w 1109 roku, sprawy miały się o wiele gorzej. Kazał przywiązać do machin polskich zakładników, by zdobyć miasto bez walki. Obrońcy musieli poświęcić życie swych dzieci, by uchronić gród.

– To okrutne! Nierycerskie! – oburzył się Wierszynek.

– Ten niegodny podstęp wcale Niemcom nie pomógł. Bolesław Krzywousty rozbił ich armię wojną podjazdową***, partyzancką...

_____
*** wojna podjazdowa – unikanie przez słabszą stronę konfliktu wojennego generalnych bitew i zwalczanie przeciwnika niespodziewanymi napadami niewielkich oddziałów wojska

– Historynek nie wiedział, jak pocieszyć Wierszynka, który miał już powyżej uszu ćwiczeń bojowych.

– A Tatarzy byli jeszcze gorsi! – denerwował go Militarek. – Fosy zasypywali trupami jeńców, a pod Legnicą w 1241 roku użyli gazów bojowych. O, takich! – podsunął pod mury garnek, z którego wydobywały się opary gęstego, smrodliwego dymu.

– Ja muszę do ubikacji! Nic nie widzę! Przyłbica**** mi się zacięła! Powietrza! Ratunku! – stracił głowę Wierszynek.

Nagle książkowa twierdza zaczęła się chwiać i walić.

Gdy opadły tumany dymu, okazało się, że Historynek stoi przy otwartym oknie i wietrzy bibliotekę, Militarek gramoli się spod stosu ksiąg zadowolony ze zdobycia zamku, a Wierszynek dynda głową w dół na lampie.

– Zdejmijcie mnie stąd! W tych oparach nadepnąłem na katapultę!

– Nowy, ciekawy sposób ucieczki z oblężonego grodu – pochwalił nieszczęśnika Militarek. – Szkoda, że nie był znany w średniowieczu. Ćwiczenia zakończone! Zaczynamy akcję ratowniczą!

**** przyłbica – hełm z żelazną, ruchomą zasłoną opuszczaną na twarz; stanowiła część uzbrojenia rycerza w XIV-XVII wieku

Drzwi
do historii

Wierszynek lepił z plasteliny figurki i naklejał je na duży karton.

– W co się bawisz? – zapytał Militarek.

– To nie zabawa. Buduję drzwi – odpowiedział z dumą miłośnik sztuki.

– Za miękkie. Drzwi powinny być mocne. Widziałeś kiedyś zamek z glinianymi wrotami? Tu trzeba twardego drewna albo metalu!

– Ale to mają być takie bardzo ozdobne… Jak w katedrze gnieźnieńskiej – bronił się Wierszynek.

Historynek podrapał się w czoło i sięgnął po album ze zdjęciami dzieł sztuki.

– Obydwaj macie rację. Wykonane w XII wieku główne wejście do katedry to jeden z najpiękniejszych zabytków sztuki romańskiej. Na dwóch skrzydłach drzwi przedstawione są sceny z życia świętego Wojciecha. Osiemnaście prostokątów, a na każdym obrazek. Ludzie wchodzący do katedry mogli oglądać płaskorzeźby i w ten sposób poznawać dzieje świętego.

– Drzwi Gnieźnieńskie wykonano ze spiżu. To metal otrzymywany z połączenia miedzi z cyną, cynkiem i ołowiem. Twardszy niż żelazo! Często kościół był ostatnim miejscem obrony. – Militarek sam upomniał się o swoją część racji.

Wierszynek machnął tylko ręką i lepił dalej.

– W tamtych czasach wielu ludzi nie potrafiło czytać, więc na drzwiach kościoła umieszczono dla nich coś w rodzaju opowieści obrazkowej. Możesz to nazwać komiksem, ale to była wielka sztuka – dodał, nie przerywając pracy.

– Sztuką była sama metoda wykonania obrazów z metalu – wtrącił Historynek. – Najpierw sporządzano drzwi z wosku. Rzeźbiono w nim wszystkie elementy, a potem całość oblepiano gipsem. Gdy zewnętrzna skorupa wyschła i stwardniała, przez niewielkie otwory lano do środka rozpuszczony spiż, zwany też brązem. Metal roztapiał wosk i zajmował jego miejsce. Po rozbiciu gipsowego pokrowca ukazywały się te same rzeźby, które wykonano z wosku, ale już odlane w twardym tworzywie.

– Wiem, bo podobnie wytwarzano armaty – wtrącił Militarek.

– I spiżowe dzwony. – Wierszynek nie chciał być gorszy.

– No tak, ale Drzwi Gnieźnieńskie to niezwykły zabytek. Obrazy wyrzeźbiono bardzo dokładnie. A co będzie na twoich drzwiach, Wierszyku?

– My trzej i sceny z naszej biblioteki – zarumienił się mól.

– Dlaczego ty jesteś wyższy od regału, a ja ledwo sięgam do pierwszej półki? – Militarek przyjrzał się uważnie plastelinowej wyklejance.

– Bo w sztuce romańskiej postacie ważne zawsze były większe od pozostałych. Święty Wojciech klęczący przed kaplicą jest prawie tak wysoki jak ona. Królowie i biskupi też zwykle byli wyżsi od reszty postaci.

– Ja ci zaraz pokażę, kto tu króluje! – Militarek sięgnął po włócznię jednego z Prusów nawracanych przez świętego.

– Daj spokój! – Historynek odebrał mu dzidę i włożył ją w rękę nieruchomej postaci utrwalonej w brązie. – Popatrzcie lepiej na to. – Wepchnął się między przyjaciół, rozdzielając ich albumem.

– Ołtarz Wita Stwosza w kościele Mariackim w Krakowie – rozpoznał Wierszynek.

– Co to ma wspólnego z Drzwiami Gnieźnieńskimi? Ołtarz powstał w drugiej połowie XV wieku!

– Ale też się otwiera i zamyka. Spiżowe drzwi były obrazkową opowieścią o świętym Wojciechu, a ołtarz ukazuje ważne wydarzenia religii chrześcijańskiej. W środku widać scenę Zaśnięcia Maryi Panny. Rzeźby apostołów mają prawie trzy metry. A na bocznych skrzydłach można obejrzeć sześć scen z Nowego Testamentu. Gdy ołtarz jest zamknięty, ukazuje się kolejnych dwanaście scen z życia Jezusa.

– Wit Stwosz pochodził z Norymbergi, ale najpiękniejsze dzieła wykonał w Krakowie. Ponad dwieście postaci z ołtarza wyrzeźbił z pojedynczych klocó drewna lipowego. Niczego nie doklejał ani nie składał. Na dłoniach apostołów widać żyły i zgrubienia. Rzeźbiarz zadbał o każdy szczegół. Podobno pozowali mu wybrani mieszczanie krakowscy, którzy mieli wyraźne rysy twarzy i nie byli nadzwyczaj urodziwi.

– Drewno lipowe jest miękkie, ale dokładność zasługuje na pochwałę. Szkoda, żc nic odlał ołtarza zc spiżu – pokiwał głową Militarek.

– Tło wyrzeźbił w modrzewiu, a do konstrukcji ołtarza użył twardego dębu. Dwanaście lat pracował nad dziełem, a ty jeszcze krytykujesz – obruszył się Wierszynek.

– Nagrobek króla Kazimierza Jagiellończyka wykuł z czerwonego marmuru. Potrafił modelować twarde tworzywo, ale ukochał drewno – poparł go Historynek.

– Niech będzie. Ważne, że po tylu wiekach znamy jego imię. Wit Stwosz z Norymbergi. Mieszkaniec Krakowa. O twórcach Drzwi Gnieźnieńskich niewiele wiemy…

– Tylko tyle, że prawdopodobnie wykonało je trzech artystów. Lewa połowa nieco różni się od prawej i widać, że jeden z rzeźbiarzy miał nieco więcej talentu. Czas zatarł napis, który umieszczony był na brzegu drzwi. Średniowieczni artyści rzadko się podpisywali i niewiele brakowało, by zapomniano i o Wicie Stwoszu. Dopiero w XIX wieku ustalono na podstawie starych dokumentów jego nazwisko. Wymawiamy je tak, jak prawdopodobnie brzmiało. Trudno dokładnie odtworzyć niemieckie nazwisko zapisane w języku łacińskim w polskim mieście prawie sześćset lat temu – uśmiechnął się znawca historii.

– Dawne dzieje przypominają mi drzwi. – Militarek poprawił pas.

– Takie twarde? – próbował zgadnąć Wierszynek.

– Nie, stale zamknięte. I cały czas próbujemy je otworzyć i zajrzeć do wewnątrz. Albo jak ołtarz w kościele Mariackim. Zawsze widać tylko połowę. Trzeba się nagłowić, by zobaczyć wszystko.

– Na tym polega urok historii. Z zabytków i dzieł sztuki dowiadujemy się o tym, co nie zostało zapisane lub zaginęło dawno temu.

– A pamiętacie o Bernardo Bellotto? – ocknął się Wierszynek.

– Włoski malarz, który uwiecznił Warszawę w XVIII wieku. Bardziej znany jako Canaletto – zadarł nosa Militarek.

– Dlaczego właśnie o nim wspomniałeś? – zdziwił się Historynek.

– Pomyślałem, że ze spiżowych drzwi można dowiedzieć się, jak opowiadano o życiu świętych w czasach, gdy ludzie nie potrafili czytać. Przy okazji można zebrać informacje o ubiorach, kształcie budynków i może nawet o narzędziach walki.

– Miło mi. – Militarek spojrzał na włócznie Prusów.

– Wit Stwosz bardzo dokładnie rzeźbił tło ołtarza. Widać jak wyglądały dawne naczynia, meble, narzędzia. Takie dzieło sztuki to kopalnia wiedzy o minionych wiekach!

– Co ma do tego Canaletto?! – nie wytrzymał Militarek.

– Pozostało po nim ponad dwadzieścia obrazów, na których szczegółowo namalował warszawskie place, ulice, kościoły, domy, ludzi, powozy, i to właśnie są drzwi! – Wierszynek wziął się pod boki.

– Niech będzie, że z obrazów utalentowanego malarza można wiele wyczytać o jego czasach i stolicy Polski, ale chyba go przeceniasz – wzruszył ramionami Militarek.

Miłośnik sztuk pięknych zmarszczył brwi.

– W czasie wojen miasta ulegają zniszczeniu. Drzwi Gnieźnieńskie ocalały. Ołtarz Wita Stwosza ukryto w roku 1939, potem wykradli go Niemcy i oddali dopiero po zakończeniu drugiej wojny

światowej. A Warszawa została prawie całkiem zburzona. Gdy od-
budowywano stare miasto, dzięki obrazom Canaletta można było
sprawdzić, jak zniszczone miejsca wyglądały dwieście lat wcześniej. Każde dzieło sztuki to drzwi do poznania historii – zakończył
triumfalnie Wierszynek i wrócił do wyklejania obrazka z plasteliny.

Na średniowiecznym jarmarku

Militarek układał na drewnianym stole noże, świece i kolorowe tkaniny.

– Komu, komu, bo idę do domu! – wrzeszczał.

– Co ty wyprawiasz? Targowisko w bibliotece? – zapytał Historynek.

– Zapraszam na średniowieczny jarmark! – Wojowniczy mól zamienił się w handlarza.

– Masz jakieś książki? Mogą być używane – zainteresował się Wierszynek.

Militarek złapał się za głowę.

– Nie mam nawet papieru. Książki będą później. To jest jarmark średniowieczny! – tłumaczył.

– Jutro? – dopytywał się niecierpliwy czytelnik.

– Raczej za jakieś trzysta lat. Jan Gutenberg zacznie drukować książki w roku 1450. Na targowiskach pojawią się one najwcześniej na początku XVI wieku. Może później… – Najroztropniejszy mól liczył z namysłem na palcach.

– No to co można u ciebie kupić? – machnął ręką Wierszynek.

– Wygarbowane skóry, płótno lniane, materiały z zachodnich krain, miód, ziarna zbóż, mąkę, naczynia z wypalanej gliny, narzędzia i broń z pierwszorzędnego żelaza. – Sprzedawca podtykał pod nos coraz to nowe towary.

– A mogę zapłacić kartą kredytową? – zażartował Wierszynek.

– Wrr! Wytłumacz temu wesołkowi, gdzie jesteśmy, zanim rozbiję mu na głowie największy garnek. – Militarek już sięgnął po naczynie.

Historynek odchrząknął i przysiadł na straganie.

– Od bardzo dawna ludzie wymieniali się towarami. Dopiero potem zaczęto używać pieniędzy. W miastach codziennie handlowano na targach, a raz na jakiś czas organizowano wielki jarmark. Przyjeżdżali wtedy kupcy z innych grodów, którzy mieli rzadziej spotykane towary. Przy okazji pojawiali się muzykanci, akrobaci, aktorzy…

– …i złodzieje – dodał Militarek.

Historynek zmarszczył brwi i opowiadał dalej:

– Na Dzień Świętego Dominika kupcy wybierali się do Gdańska. Miasto miało przywilej organizowania co roku wielkich dni handlowych przez dwa tygodnie! I tak powstał Jarmark Dominikański, który zachował się do naszych czasów. Gdy przypadało święto kościelne lub imieniny patrona grodu, przybywali kupcy. Łatwiej było zapamiętać, gdzie się handluje na świętego Jana, gdzie na świętego Marcina, a gdzie na świętego Kazimierza.

– Do miast leżących nad morzem lub wielkimi rzekami przypływały statki handlowe – dorzucił Militarek. – Rządzący musieli zapewnić kupcom bezpieczeństwo i ochronę mienia. Nie prowadzono wojen i ustalano jednakowe miary i wagi. Ludzie z różnych krajów jakoś musieli się porozumieć.

– Już rozumiem – przerwał Wierszynek. – Masz jakieś zwierzątka domowe? Kupiłbym chomika albo żółwia…

– Wielkie targi koni to będą w Skaryszewie, gdy Władysław Jagiełło nada miastu taki przywilej – prychnął sprzedawca. – Mogę ci sprzedać parę wołów, konia, kozę, jakiegoś tresowanego ptaka, ale nie może być egzotyczny. Jeszcze się ich nie sprowadza. A kota to sam sobie złap. Pełno ich chodzi po rynku.

– A na co mi wół? – wzruszył ramionami miłośnik poezji.

– Odkupię go od ciebie za woreczek pieprzu. Opłaca się, bo pieprz jest drogi i można go kupić tylko od Arabów – kusił Militarek.

– Niech będzie. Pieprz i sól przydadzą się do zupy jarzynowej. – Wierszynek spojrzał na książki kucharskie stojące na bibliotecznym regale.

– Ale niektóre warzywa nie zostały jeszcze odkryte i sprowadzone. Będą w Polsce popularne dopiero za kilkaset lat – przypomniał Historynek.

– No to chyba nic nie kupię. Wziąłbym ten pieprz, jeśli to taka okazja, ale nie mam czym zapłacić…

– A co masz? Bo średniowiecznych monet to chyba nie nosisz przy sobie – skrzywił się handlowiec.

– Mam belę jedwabiu. Długa na jakieś pięćdziesiąt metrów. Znalazłem za obwolutą książki *Opisanie świata*. Marco Polo był w Chinach w XIII wieku, więc mogę tym zapłacić – wytłumaczył.

– Biorę! Dam ci w zamian cały stragan. – Militarek czym prędzej złapał rękę nowego wspólnika i potrząsnął nią.

– No to zgoda. A co ja zrobię z tym wszystkim? – Pokojowy mól był zaskoczony.

– Sprzedasz w średniowieczu, pieniądze schowasz w garnku, zakopiesz na osiemset lat i kupisz sobie najnowsze książki. – Militarek już odchodził z rulonem jedwabiu na ramieniu.

– A na co ci jedwab?! – zawołał za nim Historynek.

– Wymienię na inny towar luksusowy. Pomnożę majątek i będę handlował chałwą i daktylami, bo na kawę jeszcze nie przyszła moda.

– Ten to ma głowę – mruknął znawca historii.

– Futra, zboża, len, produkty leśne, woły! Tylko u mnie! Jedyna okazja! Na zachodzie Europy zarobisz na nich trzykrotnie! – reklamował swoje towary Wierszynek.

– Coś kupię. Mogę zapłacić złotym dukatem Łokietka? A dorzucisz garnek? – Historynkowi zrobiło się żal nowego właściciela straganu.

– Garnek nie jest na sprzedaż. Muszę go zakopać, bo… A dukatem możesz zapłacić. To bardzo rzadka moneta. Do naszych czasów zachował się tylko jeden egzemplarz. Nazbieram więcej takich i sprzedam współczesnym kolekcjonerom. I może podaruję coś muzeum… – uśmiechnął się jak prawdziwy kupiec.

Podzielone królestwo

Mole książkowe kłóciły się o to, do którego z nich ma należeć *Atlas historii świata*.

– To ja sobie wytnę wszystkie plany i opisy bitew, Wierszynek wiadomości kulturalne, a reszta niech będzie twoja – szukał rozwiązania Militarek.

– Po pierwsze, darcie książki to głupota, a po drugie, popatrzcie! – Historynek otworzył atlas na stronach opisujących XII wiek. – To jest książę Bolesław Krzywousty. – Wskazał na ilustrację. – Miał on większy problem niż my, bo chciał sprawiedliwie podzielić ziemie polskie pomiędzy pięciu synów.

– Władcy piastowscy zwykle oddawali cały kraj najstarszemu potomkowi – wtrącił Wierszynek.

– Ale z tego wynikały bratobójcze wojny domowe, bo najstarszy wcale nie musi być najmądrzejszy… – Militarek wymownie spojrzał na Historynka, który udał, że nie słyszy, i tłumaczył dalej: – Krzywousty chciał tego uniknąć, więc sporządził testament: najstarszy syn dziedziczy Kraków – stolicę – i ziemie w środku Polski, a pozostali rządzą księstwami przylegającymi do głównej dzielnicy.

– Wszystko zostało ładnie zaplanowane, ale bracia i tak się pobili. Każdy z nich był jakiś czas księciem krakowskim, a do tego mieli własne dzieci... – podrapał się po głowie Wierszynek.

– A te dzieci miały później swoje dzieci, wnuki i prawnuki, aż wreszcie całe państwo uległo rozbiciu na większe i mniejsze księstewka-dzielnice. No to jak dzielimy atlas? – Militarek wrócił niespodziewanie do pierwszego tematu.

– Właśnie próbuję ci wytłumaczyć, że przez różne podziały i spory Polska przez dwa wieki nie miała silnego władcy! – zdenerwował się Historynek. – Dopiero książę Władysław Łokietek okazał się na tyle silny, uparty, waleczny i mądry, że udało mu się zjednoczyć i utrzymać pod swoimi rządami większość ziem, a w roku 1320 odzyskał koronę królewską.

– Na szczęście miał tylko jednego syna – Kazimierza, zwanego później Wielkim – który dokończył jego dzieło i umocnił Polskę. – Wierszynek, nie wiadomo dlaczego, wracał stale do ilości królewskich potomków. – Szkoda, że Kazimierz nie miał dzieci wcale, bo w ten sposób wygasła dynastia Piastów...

– A zatem, by nie przysparzać sobie kłopotów dzieleniem *Atlasu historii świata*, będzie on, jak sama nazwa wskazuje, mój! – zawyrokował Historynek. – Możecie z niego korzystać – zgodził się wspaniałomyślnie.

Mole oniemiały na moment.

– Chcesz powiedzieć, że ty tu królujesz, a podział książki doprowadzi do rozbicia dzielnicowego biblioteki? – mruknął Militarek.

– Mniej więcej – uśmiechnął się znawca dawnych wieków. – Przede wszystkim chcę uniknąć pocięcia tej i innych książek na kawałki. Co prawda my nie mamy dzieci, ale historia jest nauczycielką życia i lubi się powtarzać...

Wieliczka-
solniczka

– **D**zisiaj zarządzam wycieczkę do kopalni! – oznajmił Militarek.

– Wybrudzę się. I te ciemności… – wzdrygnął się Wierszynek.
Historynek poklepał go po ramieniu.

– Nie martw się! Pierwsze polskie kopalnie, Bochnia i Wieliczka, to kopalnie soli, nie węgla. Do dzisiaj wydobywa się tam sól. Nie wybrudzisz się!

– Powiadają, że pokłady soli odkryto, gdy do Polski przybyła święta Kinga – żona księcia Bolesława Wstydliwego. Pierścień, który wrzuciła do jednej z węgierskich żup solnych, cudownie przeniósł się do miejsca pod Krakowem, gdzie nakazała kopać. – Wierszynek pokazał, że też wie niejedno.

– To legenda – ostudził go Militarek. – Prawdą jest, że księżna Kinga sprowadziła z Węgier doświadczonych górników. – Otworzył opasły tom *Historii kruszców kopalnych* i powędrował w ciemność, przyświecając sobie lampką oliwną. – Łapcie się liny i zjeżdżamy do wyrobiska! W średniowieczu używano ogromnych kołowrotów. To taka dawna winda. Nazywa się dreptak, bo ludzie dreptali w kółko po okrągłej drabinie, by lina nawijała się na szpule.

– Biegali jak chomiki w kołowrotku – zauważył Wierszynek. – Chyba im taka praca była solą w oku. To przenośnia – wyjaśnił. – Wiele jest zwyczajów i powiedzeń związanych z solą: wita się gości chlebem i solą; gdy się kogoś długo i dobrze zna, można powiedzieć, że zjadło się z nim beczkę soli... – gadał coraz szybciej, bo wtedy zapominał, że trochę się boi.

– Przesoliłeś z tymi przykładami. Jak się nie zamkniesz, to ci przysolę – zagroził mu przewodnik. – Dzięki soli można było konserwować w beczkach mięso, nadawać smak potrawom. Rozwijał się handel, robiono zapasy na wypadek wojny. Powiadano, że co trzeci dukat w królewskim skarbcu pochodzi z Wieliczki!

– A największym dobroczyńcą górników był Kazimierz Wielki – dodał Historynek. – Założył dla nich szpital, przytułek dla starców i inwalidów, a co najważniejsze, spisał wszystkie prawa, jakie im przysługiwały z powodu niebezpiecznej pracy pod ziemią. Ta-

kich przywilejów nie honorowano nawet w XIX wieku przy wydo-
bywaniu rud metali. Sto lat temu, gdy powstawały kopalnie węgla
kamiennego, też nie dbano o los robotników. Stosowano za to już
maszyny parowe i używano materiałów wybuchowych do rozsadza-
nia skał.

– Ciekawe, dlaczego rębacze soli rzadko chorują na gardło, skoro górnicy węglowi często cierpią na pylicę płuc[*] – zastanawiał się
Wierszynek.

Militarek zezłościł się:

– Jak nie przestaniecie mleć ozorami, to też dostaniecie astmy,
a jeśli nie będziecie słuchać przewodnika, to zabłądzicie do ostat-
niego rozdziału i wpadniecie do głębokiego na ponad tysiąc metrów
szybu węglowego kopalni Halemba!

---

[*] pylica płuc – choroba powstająca na skutek długotrwałego wdychania
różnych pyłów, charakteryzująca się dusznością i kaszlem

Czy wy wiecie, co pijecie?

Wierszynek zbudował z książek stragan z napojami. Oprócz książek kucharskich użył *Słownika wyrazów obcych*, co trochę zdziwiło przyjaciół.

– Chcecie się czegoś napić?

– A co masz? – zapytał Militarek.

– Mleko kozie, mleko krowie, mleko owcze…

– Tylko mleko? A jakieś inne polskie napoje? – wybrzydzał miłośnik wojen.

– No to może piwo warzone z wyki* lub jęczmienia. – Barman podsunął kufel z mętnym napojem.

– Dziękuję, nie. Poczekam, aż ktoś wymyśli piwo chmielowe, pasteryzowane. Może być bezalkoholowe. To wygląda nieciekawie.

– Mleko znane jest, odkąd ludzie zaczęli hodować zwierzęta. A piwo produkowali już Babilończycy i Egipcjanie. Chyba żaden

---

* wyka – roślina z rodziny bobowatych, rosnąca w klimacie umiarkowanym

trunek nie należy do jednego narodu. Napoje wędrują po świecie jak podróżnicy – wyjaśnił Historynek.

– Typowo polska to może być woda mineralna z polskiego źródła. Reszta jest międzynarodowa – zachichotał Wierszynek.

– No to daj mi jogurt albo kefir – machnął ręką Militarek.

– Mogę ci dać maślanki. Jogurt to gęste mleko bułgarskie, a jego nazwa pochodzi z Turcji. A kefir przywędrował do nas z Kaukazu. Wymyślili go Ormianie.

– Niech będzie maślanka. Dosyp trochę owoców i zrób mi koktajl. Pić mi się chce.

– Słowo „koktajl" pochodzi od angielskiego *cocktail*, czyli też nie jest całkiem polskie. Mogę ci zaproponować żętycę – rozłożył ręce sprzedawca.

– Uprzedzam, że żętyca to rodzaj serwatki. Powstaje z mleka przy produkcji sera – ostrzegł Historynek.

– No to dlaczego ma dwie nazwy?

– Bo serwatka powstaje, gdy produkujemy ser z mleka krowiego, a żętyca – z owczego.

– Zastanowię się jeszcze. Wygląda na to, że z mleka można zrobić wiele napojów. Mongołowie, a po nich Tatarzy, pili kumys, czyli kobyle mleko poddane fermentacji. Wygląda to jak białe musujące piwo i jest kwaskowate. Masz coś w tym rodzaju?

– Sam mówisz, że to napój azjatycki. Mogę ci rozmieszać trochę kumysu z kwasem chlebowym – zlitował się Wierszynek. – Kwaszenie chleba z cukrem i drożdżami było popularne w całej Europie już w średniowieczu. Na Ukrainie i w Rosji jest to napój narodowy.

Militarek napił się wreszcie i przysiadł na straganie.

– Kawa pochodzi z Etiopii. Do Europy sprowadzili ją Arabowie i to oni nadali jej nazwę. A w Polsce rozpowszechniła się za panowania Jana III Sobieskiego. Po odsieczy wiedeńskiej[**] jeden z polskich szlachciców otworzył we Wiedniu kawiarnię. Nowy napój powoli stał się modny, choć nie wszyscy wiedzieli, jak powinien smakować. Dlatego podawano kawę z mlekiem. – Militarek spojrzał wymownie na Wierszynka.

– A ja napiję się herbaty i proszę mi nie wmawiać, że to napój zagraniczny – odezwał się Historynek.

– Nazwa pochodzi z języka łacińskiego, a sam napój z Chin – nie zgodził się kelner.

– Nazwa wędrowała po świecie razem z azjatyckimi liśćmi. A co powiesz o herbacie z mięty albo rumianku?

– To napar... Nazywa się herbata ziołowa, ale nie ma liści herbaty w takiej herbacie – zaplątał się Wierszynek. – No dobrze, zagotuję wodę.

– Tak sobie myślę, że stragan z napojami to niezły pomysł, ale wszystko pokręciliście. Teraz mamy polskie kefiry, a w okolicach Zielonej Góry winnice, do produkcji polskiego wina. Sadzono tam winorośl już w XIV wieku. No to wino też jest polskie, choć to napój stary jak świat. Jeśli będziemy się upierać przy nazwach, to więcej czasu spędzimy przy *Słowniku wyrazów obcych*, niż przy piciu. Ominie nas oranżada, bo to napój z pomarańczy, zapożyczony z kuchni francuskiej.

[**] odsiecz wiedeńska – bitwa pod Wiedniem stoczona w 1683 roku między wojskami polsko-austriacko-niemieckimi pod dowództwem Jana III Sobieskiego a armią imperium osmańskiego

– Oranżady nie daruję. Zamykaj tę budkę i słownik – oburzył się Militarek.

– A wieczorem przygotujemy sobie kakao. Majowie i Aztekowie pili je w wielkie święta i nazywali *chocolatl*.

– Trochę jak czekolada na gorąco – zauważył Militarek.

– Kakao to napój bogów. Do Europy sprowadził je Krzysztof Kolumb. Otwieraj atlas i jedziemy do Niemiec. – Wierszynek już odkładał książki na półkę.

– A co ma wspólnego Kolumb z Niemcami?

– Niby nic, ale w Kolonii powstało muzeum czekolady – oblizał się.

Otrzęsiny

– **P**okazałbym ci, jak przyjmowano nowego żaka do grona studentów Akademii Krakowskiej, ale pewnie się boisz – zagadnął zaczepnie Wierszynek.

– Wcale się nie boję. – Militarek nie wyczuł podstępu.

– Ten najstarszy polski uniwersytet ufundował Kazimierz Wielki – odezwał się niewinnie Historynek. – Był to król, o którym powiadano, że: „Zastał Polskę drewnianą, a zostawił murowaną". Nic dziwnego! Założył prawie siedemdziesiąt miast, a trzydzieści opasał nowymi murami obronnymi…

– Do rzeczy! Co z tym pasowaniem na studenta? – pieklił się Militarek.

– Kazimierz Wielki był dobrym gospodarzem – ciągnął Historynek. – Dbał o prawa wszystkich poddanych. Pozostawił po sobie liczne klasztory i twierdze…

Militarek zgrzytnął zębami.

– Po jego śmierci akademia trochę podupadła, ale odzyskała swoją świetność, gdy zaopiekowała się nią królowa Jadwiga, żona Władysława Jagiełły. Dlatego najstarsza wyższa uczelnia nazywana jest częściej Uniwersytetem Jagiellońskim…

– Czy kandydaci na studentów poddawani byli próbom cierpliwości i odporności na gadulstwo? – zezłościł się Militarek.

– Niezupełnie – westchnął obłudnie Wierszynek. – Skoro tak nalegasz, to pokażemy ci, jak w XV wieku wyglądały otrzęsiny żaka. Usiądź wygodnie.

Wojowniczy mól rozparł się na wskazanym stołku i od razu znalazł się na ziemi. Taboret miał każdą nogę innej długości. Przyjaciele założyli nowicjuszowi na głowę ośle uszy, do ust wsadzili mu kieł świni i nim się obejrzał, wysmarowali mu twarz sadzą.

– „Oto jest zwierzę równe osłu, niewiedzące niczego" – Wierszynek nie bez zadowolenia wygłosił średniowieczną formułę.

Przystąpiono do dalszej części otrzęsin. By nadać kandydatowi wygląd godny studenta, ośle uszy obcięto drewnianym mieczem, a kieł „wyrwano" potężnymi kleszczami. Potem rozłożonego na ławie nieszczęśnika heblowano, ociosywano, wałkowano, golono drewnianą brzytwą, polewano winem i myto słoną wodą.

Gdy wreszcie oprawcy uznali, że ich ofiara jest już podobna do człowieka, wręczyli jej buteleczkę atramentu, kartę pergaminu i kilka gęsich piór.

– Teraz musisz jeszcze zafundować nam obfitą kolację za dopuszczenie cię do grona ludzi kulturalnych i wykształconych.

Militarkowi szczęka opadła ze zdziwienia.

– Nie dziw się. Tak samo rozpoczynali naukę w akademii ludzie, którzy później byli chlubą ojczyzny: Mikołaj Kopernik, Jan Długosz, Jan Kochanowski i wielu innych...

– Astronom, kronikarz i poeta! A już myślałem, że takie testy przeprowadzano z myślą o szkoleniu przyszłych komandosów!

Bitwa
pod Grunwaldem

Militarek ostrzył dwa potężne miecze.

– Władysław Jagiełło miał głowę na karku – mruknął sam do siebie.

– Racja – podchwycił Historynek. – Głowa w sam raz do korony. Gdy po śmierci Kazimierza Wielkiego wygasła dynastia piastowska*, trudno było wybrać dobrego, nowego króla.

– Aż dziw bierze, że najlepszym kandydatem okazał się litewski książę, który do niedawna był poganinem – odezwał się Wierszynek, którego widok polerowanego oręża przyprawiał o lekki niepokój.

– Miał głowę na karku! – powtórzył Militarek. – Ochrzcił się, pojął za żonę królową Jadwigę, zapoczątkował nową dynastię – Jagiellonów, połączył Polskę z Litwą…

_____
* dynastia piastowska – pierwszy ród panujący w Polsce w latach ok. 960–1370 pochodzący od półlegendarnego Piasta

– Za namową królowej zaopiekował się Akademią Krakowską**... – szepnął Wierszynek, ciągle spoglądając na miecze.

– A co najważniejsze, porządnie przetrzepał skórę Krzyżakom! I to w wielkim stylu! – Broń ze świstem przecięła powietrze.

– Może Historynek opowie. – Struchlały mól schował się za książką.

– To długa historia. W XIII wieku Polacy graniczyli z wojowniczym narodem Prusów. Książę mazowiecki Konrad wpadł na nie najgorszy pomysł. Sprowadził rycerzy zakonnych, by nawrócili pogańskich sąsiadów. Ale przybysze, zwani Krzyżakami – od białych płaszczów z czarnymi krzyżami – wytępili Prusów i założyli na ich ziemiach własne państwo. Pobudowali zamki, z których najpotężniejszy był Malbork – siedziba wielkiego mistrza zakonu, i zaczęli zagrażać Polsce i Litwie...

– Jagiełło zdawał sobie sprawę z niebezpieczeństwa! Dwa lata przygotowywał wyprawę wojenną: zadbał o zapasy solonego mięsa dla całej armii, ściągnął do pomocy wojska litewskie, ruskie, smoleńskie, a nawet Tatarów, i ruszył w pole! Zbudowano prawdziwy most pontonowy***, po którym sprzymierzeni**** przeprawili się

** Akademia Krakowska – najstarsza polska szkoła wyższa i jeden z najstarszych uniwersytetów na świecie, powołana przez Kazimierza Wielkiego w 1364 roku

*** most pontonowy – przenośny, zazwyczaj tymczasowy most zbudowany na połączonych pontonach, barkach lub łodziach

**** sprzymierzeni – połączeni umową zapewniającą współpracę i wzajemną pomoc

przez Wisłę! Krzyżacy jeszcze w dniu bitwy byli pewni zwycięstwa. Wysłali do króla posłów z dwoma mieczami, mówiąc, by przyjął ten dar wielkiego mistrza, skoro nie ma się czym bronić, i by nie krył się po lasach, ale wyszedł w pole, a jeśli mu miejsca do walki nie starcza, to chętnie ustąpią. – Zasapany długim przemówieniem Militarek z butną miną wbił miecze w regał u stóp Wierszynka.

– Było to 15 lipca 1410 roku pod Grunwaldem – uzupełnił Historynek. – Krzyżacy chcieli rozpocząć bitwę jak najprędzej, bo Polacy zajęli pozycje na skraju lasu, gdzie było chłodniej, a oni, zakuci w zbroje, stali przez pół dnia w pełnym słońcu.

– Jagiełło zrobił to umyślnie! Najpierw zmiękczył przeciwnika upałem, potem wysłał lekką jazdę litewską, by poszarpała wroga i rozpoznała teren, a dopiero później zaatakował wszystkimi hufcami*****!

– Skoro wielki mistrz poległ, to dlaczego król nie poszedł za ciosem i nie zaatakował Malborka? – zastanawiał się Wierszynek.

– Może wystarczało mu, że Krzyżacy nie pustoszą kraju… – uśmiechnął się chytrze Historynek. – Gdyby rozbił ich całkowicie, to unia Polski z Litwą nie byłaby konieczna. To polityka…

– Od początku mówiłem, że Jagiełło miał głowę na karku. Połączył dwa kraje, zamknął Krzyżaków w ich twierdzach, a jesienią spuścił im łomot w drugiej wielkiej bitwie – pod Koronowem!

***

***** hufiec – tu: zwarty oddział wojska składający się z kilku chorągwi

Pisane i drukowane

Dzień Gutenberga był dla moli książkowych jednym z najważniejszych świąt w roku bibliotecznym. Wierszynek zaproponował, że przed ucztą złożoną z tradycyjnych potraw wygłosi krótkie przemówienie.

Militarek trochę kręcił nosem na te dwanaście dań, wśród których królowały inicjały w złocie, pismo gotyckie i litery chińskie, ale cóż miał robić...

Wierszynek ujął w dłoń puchar z farbą drukarską i rozpoczął mowę:

– Sumerowie pisali zaostrzoną trzciną na tabliczkach glinianych, odciskając obrazki i trójkątne wgłębienia. Tak powstało pismo klinowe! Egipcjanie łączyli pocięte na paski łodygi papirusu, wałkowali i wygładzali zwoje, a gdy wyschły, pisali na nich piórem umoczonym w atramencie. Tak powstały hieroglify, czyli symbole a potem litery, którymi zapisano dzieje państwa faraonów. A było to trzy tysiące lat przed naszą erą!

– Dobrze, że nie zacząłeś od rysunków ludzi pierwotnych – ziewnął Militarek.

– Pisano na pergaminie, który wyrabiano z garbowanych misternie skór zwierzęcych*. Chińczycy pisali na jedwabiu, póki nie wynaleźli papieru!

– Streszczaj się, bo kolacja stygnie – poganiał mówcę wojowniczy mól.

– Średniowieczni zakonnicy kopiowali ręcznie, piórem na papierze, w ciszy klasztorów różne dzieła – nie dał sobie przerwać Wierszynek – aż wreszcie w roku 1450 złotnik z Moguncji – Jan Gutenberg – wynalazł ruchomą czcionkę i udoskonalił prasę drukarską! Dzięki temu można było układać w ramkach pojedyncze litery, składać je w zdania i odbijać całe strony książek. Czcionki, jak małe stempelki, mogły być przekładane i zamieniane, by tworzyły kolejne wyrazy w dalszych rozdziałach. Bi-

Ciocia Kleopatra przesadziła z tą listą zakupów.

---

* garbowana skóra – skóra poddana działaniu garbników (substancji chemicznych) w celu nadania jej miękkości i trwałości

blia wydana przez Gutenberga składa się z 642 kart, a wydrukowano jej ponad 200 egzemplarzy. W trzy lata! Żaden kopista nie potrafiłby zapisać tylu stronic przez całe życie!

Militarek sięgnął po złoty inicjał i cofnął rękę, bo nie był to jeszcze koniec przemówienia. Zgrzytnął zębami.

– Ręcznie przepisywane księgi były tak cenne, że przytwierdzano je do stołów i zamykano na kłódkę. Z czasem w bibliotekach zamkowych i klasztornych obok rękopisów znalazły się tańsze i łatwiej dostępne książki drukowane. A mole książkowe trafiły pod strzechy! – zakończył wzruszony swoim wykładem.

– Jakie strzechy?! Przecież pięćset lat temu, w XV wieku, większość ludzi nie umiała czytać, a książki pisano i drukowano po łacinie!

– No dobrze już, dobrze – uspokajał ich Historynek. – Wiadomo, że wynalazek Gutenberga pozwolił drukować różne dzieła wiele razy, a czytelnictwo rozwijało się stopniowo. Są takie kraje, w których większość ludzi nadal jest analfabetami.

– To niech się szybko uczą, bo czas nie stoi w miejscu i za sto lat będziemy pewnie mieszkać w komputerach…! – mruknął Militarek.

– To niemożliwe – potarł oko Wierszynek. – Jesteśmy przecież molami książkowymi…

– No to będziemy molami komputerowymi! Sam mówiłeś, jak zmieniała się historia pisma.

Historynek podniósł puchar z tuszem i wzniósł toast:

– Zmieniają się czasy, zmieniają się obyczaje, ale trudno mi uwierzyć, że ludzie całkowicie zrezygnują z drukowanych na papierze książek i gazet. Zdrowie Gutenberga!

Nie tylko szara piechota[*]

Militarek ustawił przyjaciół w szeregu i zaczął wypychać im buty słomą i sianem.

– Co ty wyprawiasz? – oburzył się Wierszynek.

– Będę was uczył maszerować. W lewym bucie słoma, w prawym siano.

– Nie prościej powiedzieć, że mamy ruszyć najpierw lewą nogą?

– Teraz tak, ale kilkaset lat temu nie wszyscy wiedzieli, która noga jest lewa. Przy szkoleniu rekrutów prościej było włożyć kandydatom na żołnierzy jakiś prosty znak do buta, żeby wiedzieli, którą nogą zacząć marsz. Podobnie było w armiach, w których służyli ludzie z różnych krajów. Zamiast uczyć języka, na początek używano znaku. A potem wydawano wszystkim komendy w jednym języku – tłumaczył Historynek.

---

[*] szara piechota – potoczna nazwa Legionów Polskich walczących w pierwszej wojnie światowej, spopularyzowana pieśnią *Szara piechota* – od koloru mundurów

– Naprzód marsz! Słoma, siano, słoma, siano! – musztrował ich Militarek. – Oddział stój! Spocznij!

Pokojowy mól usiadł.

– Co robisz? „Stój", znaczy, że masz dostawić słomę do siana, a „spocznij", że masz oprzeć się na sianie, a słomę wysunąć pół kroku do przodu. Nikt nie pozwolił ci siadać!

Wierszynek patrzył na dowódcę z otwartymi ustami.

– Opowiedz nam lepiej o różnych rodzajach piechoty – ratował sytuację Historynek.

– Oddział w miejscu rozejść się. Można palić. Zarządzam pogadankę!

– Jak można rozejść się w miejscu? No i nikt z nas nie pali…

– To znaczy, że możecie siedzieć. A palić wcale nie trzeba, ale teraz można. To taka przerwa w ćwiczeniach, kiedy najmądrzejszy opowiada młodszym, jak to było na wojnach – oświecił go weteran.

– W średniowieczu rycerze walczyli konno, ale piechota stale im pomagała. Zresztą zbroja i koń były drogie, a wyposażenie piechura składało się z długiej dzidy, miecza lub toporka i okutej żelazem tarczy. – Przebrał się szybko i przemaszerował jak modelka na pokazie.

– Masz i miecz, i topór – zauważył Historynek.

– Bo walczyłem już w wielu bitwach. Zdobyłem łupy i pełne uzbrojenie. Mam też przeszywanicę**, która zastępuje mi zbroję.

– Ciepło w niej, a tarcza strasznie duża. Pewnie ciężka? – współczuł Wierszynek.

– Jak dziesięciu wrogów zacznie do ciebie strzelać z łuku, to tarcza będzie ci się wydawała za mała, a przeszywanica za cienka. A właśnie… Powinienem się postarać o łuk i strzały albo kuszę, bo piechota stale się rozwija.

– Wiadomo, że z każdym wiekiem coś ulepszano, ale wielki krok naprzód zrobił dopiero król Stefan Batory – dodał miłośnik historii.

** przeszywanica – kamizelka z kilku warstw materiału i skóry

– Zrobił ten krok lewą nogą? Słoma? – dopytywał się Wierszynek.

– Cicho, rekrucie! Król Batory utworzył piechotę wybraniecką.
Z każdej wsi królewskiej wybierany był jeden ochotnik, który był
zwolniony z podatku i innych danin, ale musiał co trzy miesiące stawiać się na ćwiczenia, a gdyby wybuchła wojna, przydzielony był
do oddziału. Wybrańcy najczęściej nosili błękitne mundury, uzbro-
jeni byli w topór i szablę, a do tego każdy posiadał rusznicę***, proch
i zapas ołowiu na kule.

– Piechota wybraniecka była sprawniejsza niż oddziały formo-
wane ze wszystkich chłopów. A gospodarz Kacper Wieloch, który
służył w piechocie wybranieckiej, właśnie za męstwo w czasie oblężenia Wielkich Łuk został wyniesiony do stanu szlacheckiego i no-
sił nazwisko i herb Wielkołucki – dodał Historynek.

– W kolejnych wiekach korzystano też z piechoty wynajętej
– mądrzył się Militarek. – Mogły to być oddziały złożone z Polaków i żołnierzy z innych państw pod komendą zagranicznego ofice-
ra. Nazywano ich piechotą niemiecką, choć wcale nie musiało być
w niej Niemców. Chodziło o to, że szkolono ich na wzór piechoty niemieckiej, podobnie było z mundurem i często wydawano komendy w tym języku. Na przykład muszkieterowie, którzy strzelali
z… czego? – zaskoczył kolegów nagłym pytaniem.

*** rusznica – ręczna broń palna o długiej lufie używana w XV–XVII
wieku

– Z muszkietów ustawianych na podpórkach – odpowiedział natychmiast Historynek.

– A jak po niemiecku nazywa się słoma? – zagapił się Wierszynek.

– Nieważne. Kozacy stworzyli piechotę koszową, choć wcale nie walczyli koszykami. Koszem nazywano obóz warowny zakładany na czas wypraw wojennych. Kozacy ukryci za wozami, które można było rozsuwać i ustawiać w koło, strzelali z rusznic i ruszali do ataku, a następnie wracali do taboru i kosza. – Militarek otarł pot z czoła.

– A w XVIII wieku żołnierze nosili peruki! – popisał się Wierszynek.

Chyba przesadziłem z tym kamuflażem!

– Stroje i sposoby walki zmieniały się. Żołnierz w pięknym mundurze, peruce i niewygodnych butach może okazać się gorszym wojownikiem od skromnie ubranego, ale dobrze uzbrojonego przeciwnika. Dlatego jeszcze Legiony Polskie we Włoszech utworzone przez Jana Hen-

71

ryka Dąbrowskiego były kolorowe, a już Legiony Polskie Józefa Piłsudskiego nazywano szarą piechotą – uzupełnił znawca historii.

– Jedni i drudzy walczyli o niepodległość Polski, ale dzieliło ich ponad sto lat. Teraz żołnierze nie noszą ani kolorowych strojów, ani szarych mundurów. Używa się strojów maskujących – rozległ się głos Militarka.

– Gdzie jesteś? Dowódca nie powinien opuszczać oddziału – zaniepokoił się Wierszynek.

– Tak się dobrze zamaskował, że go nie widać. Na pustyni żołnierze noszą mundury w kolorze piasku, w lesie w zielone plamy, zimą białe kombinezony – tłumaczył Historynek.

– Ale co on na siebie założył, że go nie widać w bibliotece? – Miłośnik poezji podszedł na palcach do najbliższego regału i zaczął zaglądać za okładki książek dla dzieci.

Odkrywanie Ameryki

Militarek żeglował pomiędzy regałami bibliotecznymi, bawiąc się w odkrywcę.

– Z drogi! Nie widzicie, że płynie Santa Maria, statek Krzysztofa Kolumba?! Zaraz będę w Ameryce. Wkraczamy w okres wielkich odkryć geograficznych XVI wieku!

– Pomyliłeś półki – roześmiał się Historynek. – Kolumb ogłosił, że dopłynął do Indii Zachodnich, a nazwa Nowego Świata pochodzi od imienia innego podróżnika – Ameriga Vespucciego.

– Nieważne! Każde dziecko wie, że to Kolumb odkrył Amerykę. 12 października 1492 roku!

– Każdy szanujący się mól książkowy wie, że ten kontynent odnajdywano kilkanaście razy – odparował Wierszynek. Sterował jednomasztową łodzią wikingów, wymachując wiosłami.

– Na takich statkach Skandynawowie docierali do Ameryki pięćset lat przed Kolumbem. Są na to dowody: wykopaliska i napisy w ich języku wyryte na głazach rozsianych po całym świecie!

– A co powiecie na to? – Historynek wypłynął im naprzeciw na solidnej tratwie z żaglem. – W takiej łupince współczesny badacz, podróżnik i pisarz, Thor Heyerdahl, przebył po Oceanie Spokojnym 7500 kilometrów! A na trzcinowej łodzi przeprawił się przez Atlantyk.

– I co z tego? – skrzywił się Militarek.

– Chciał w ten sposób udowodnić, że już Egipcjanie, kupcy feniccy i inni starożytni mogli zdobyć Amerykę na kilka tysięcy lat przed Kolumbem.

– A widzisz, miałem rację! – cieszył się sympatyk wikingów.

– Tak czy inaczej, szesnastowieczna Europa wiele zawdzięcza Kolumbowi i Ferdynandowi Magellanowi, który jako pierwszy opłynął Ziemię dookoła. Nowe lądy, złoto, ziemniaki, przyprawy!

A do tego odkrycie, że Ziemia jest większa, niż przypuszczano i potwierdzenie, że ma kształt kulisty. Dzięki nim!

– I wielu, wielu innym zapomnianym żeglarzom – nie ustępował Wierszynek.

– Na przykład dzięki komu?!

– Nie słyszałeś o Polaku Janie z Kolna…? – zagadnął niewinnie Historynek.

– To postać legendarna, zmyślona – bronił się Militarek.

– Nieprawda. Ten człowiek istniał. Studiował w Akademii Krakowskiej, walczył na morzu jako kaper* gdański, a potem wstąpił

---

* kaper – marynarz, który podczas wojen morskich z upoważnienia jednej ze stron grabił okręty wroga

na służbę króla duńskiego i dwukrotnie był kapitanem wypraw do Ameryki. Mieszkał tam przez jakiś czas. Dwadzieścia lat przed Kolumbem! To od takich ludzi późniejsi „odkrywcy" zbierali informacje o nowych drogach morskich, pozyskiwali mapy, dowiadywali się, czym handlować z tubylcami... – pokiwał głową Historynek.

Militarek zwinął żagle Santa Marii i powlókł się gdzieś, mrucząc pod nosem coś o mądralach, którzy czepiają się każdej zabawy. Nie potrafił na szczęście długo się zamartwiać. W chwilę później z potwornym hukiem przeleciał nad głowami przyjaciół w rakiecie kosmicznej.

– Z drogi! Skoro na tej planecie wszystko zostało już po kilka razy odkryte, to będę pierwszym molem bibliotecznym na Marsie!

Mikołaj Kopernik

– **K**ażde dziecko wie, że Ziemia obraca się wokół Słońca. Też mi nowość! – pieklił się Militarek.

– Dzisiaj uważamy to za coś oczywistego, ale kiedy Mikołaj Kopernik ogłosił w roku 1543 swoje dzieło *O obrotach sfer niebieskich*, było to odkrycie wielkie, a nawet straszne. Wielu ludzi uznało, że to głupota, herezja* i kłamstwo – spokojnie tłumaczył Historynek.

– Przecież przez wiele wieków ludzie wierzyli, że to Słońce okrąża Ziemię. Pasażerowie pociągu też mają wrażenie, że to krajobraz za oknem się przesuwa, a nie oni. Każdy widzi, jak Słońce wschodzi, wędruje po niebie i zachodzi… – rozgadał się Wierszynek.

– Nic dziwnego, że Kopernik zażyczył sobie, aby jego sześciotomowa rozprawa została wydrukowana dopiero w ostatnich latach jego życia. Za takie wywracanie świata do góry nogami mógłby zo-

---

* herezja – odstępstwo od powszechnie panującego poglądu

stać surowo ukarany. I tak do XIX wieku jego dzieło znajdowało się na czarnej liście – *Indeksie ksiąg zakazanych***. Może dlatego jest takie smaczne…? – oblizał się Historynek.

Tymczasem Wierszynek próbował wyjaśnić Militarkowi zawiłości dawnej astronomii:

– Przez setki lat hindusi twierdzili, że Ziemia jest płaska i opiera się na ogromnych słoniach stojących na jeszcze większym żółwiu, który płynie przez nieskończone wody. Starożytni Grecy zda-

wali sobie sprawę, że Ziemia jest kulista, ale ich zdaniem stale podtrzymywał ją bóg Atlas. Babilończycy uważali, że Ziemia wynurza się z oceanu i posiada dwoje drzwi, by Słońce mogło wyjść na nie-

---

** *Indeks ksiąg zakazanych* – spis książek opracowywany przez Kościół katolicki, których nie wolno czytać, posiadać i rozpowszechniać pod groźbą ekskomuniki, czyli kary kościelnej polegającej na wyrzuceniu wiernego z życia Kościoła

bo, a potem się schować. Trudno było nagle uwierzyć, że nasza planeta jest kulą wirującą wokół własnej osi i jasnej gwiazdy – Słońca.

– Mogli mu zaufać! Przecież był duchownym, lekarzem i uczonym. A jak doskonale dowodził w czasie wojny z Krzyżakami obroną Olsztyna!

– W końcu świat przyznał rację mistrzowi Mikołajowi, ale wymagało to wiele czasu i myślenia... – Wierszynek obracał coraz szybciej model układu słonecznego.

– Odkrywcy nie mają łatwego życia... – westchnął Historynek. – Za to teraz cały świat wie, że to Mikołaj Kopernik z Torunia „wstrzymał Słońce, ruszył Ziemię. Polskie go wydało plemię!".

Wolna elekcja

Wierszynek zbudował podwyższenie z kilku książek i przemawiał z niego:

– Wybieramy króla! Kto jest za tym, żebym to ja panował, niech podniesie rękę. Albo obydwie!

Historynek i Militarek spojrzeli na siebie i wcisnęli ręce w kieszenie.

– Królem powinien zostać królewicz, syn władcy. Tak powstają dynastie. Władza przechodzi z pokolenia na pokolenie – przypomniał Militarek.

– To prawda, ale Kazimierz Wielki nie miał męskiego potomka. Po jego śmierci sytuacja trochę się pogmatwała. Siostra Kazimierza, Elżbieta Łokietkówna, miała syna, Ludwika, ale był on królem Węgier. To on został władcą Polski, choć z dynastią Piastów nie miał zbyt wiele wspólnego. – Historynek tłumaczył najprościej, jak potrafił.

– Był wnukiem Władysława Łokietka, czyli wszystko zostało w rodzinie – wzruszył ramionami Militarek.

– Ale Ludwik Węgierski miał cztery córki, a syna ani jednego. Najmłodsza z nich, Jadwiga, została żoną księcia litewskiego, Władysława Jagiełły, który założył nową dynastię – Jagiellonów.

– A gdy po prawie dwustu latach zmarł Zygmunt August, ostatni z Jagiellonów, szlachta postanowiła wybrać króla przez głosowanie. No to kto popiera moją kandydaturę? – przypomniał o sobie Wierszynek.

– Pierwsza wolna elekcja odbyła się w roku 1573 i nie bardzo się udała. Przedstawiono kilku kandydatów i wybrano Henryka Walezego, bo wiele obiecywał. Bardziej był zainteresowany panowaniem we Francji, ale tam rządził jego brat. Nowy król nocami ucztował, a całymi dniami spał. Gdy kilka miesięcy po koronacji dowiedział się, że jego brat zmarł, uciekł z Polski i rozpoczął starania o koronę francuską – pokiwał głową Historynek.

– Na elekcję w miejscowości Kamień pod Warszawą zjechało 50 000 szlachciców. Radzili, spierali się i wybrali najgorszego kandydata. – Militarek wymownie spojrzał na Wierszynka.

– Za drugim razem głosowali mądrzej. Książę Siedmiogrodu, Stefan Batory, okazał się dobrym władcą. Czasami wystarczy właściwie zagłosować. – Miłośnik sztuki stanął na palcach.

– Batory unowocześnił armię, skutecznie walczył z Rosją i umocnił polskie panowanie na wschodzie, w Inflantach[*]. Lubił też polowania – przypomniał Militarek.

---

[*] Inflanty – ziemie nad Bałtykiem; obecnie należą do Łotwy i Estonii

– Może po prostu nie chciał zbyt często przebywać w towarzystwie królowej, Anny Jagiellonki, którą musiał poślubić, by uzyskać polską koronę. Henryk Walezy też za nią nie przepadał – zachichotał Historynek.

– Każdy król elekcyjny musiał podpisać zobowiązania wobec szlachty, która go wybierała. Z dotrzymywaniem słowa czasami mieli kłopoty, a przywileje i ugody ograniczały ich władzę. No i nie mogli liczyć na założenie własnej dynastii. Prawdziwą władzę miała magnateria, czyli najbogatsi szlachcice – rozłożył ręce Historynek.

– Ja dotrzymałbym wszystkich warunków. – Wierszynek dołożył kolejną książkę na swoje podwyższenie.

– Wybrano przez głosowanie jedenastu królów. Kilku z nich, jak Stefan Batory czy Jan III Sobieski, było wybitnymi władcami. Ale na takiej loterii trudno wygrać. Stanisław August Poniatowski był człowiekiem mądrym i zrobił wiele dobrego dla kultury i sztuki. Wspierał malarzy i poetów, ufundował teatr, poparł uchwalenie konstytucji... – Militarek zawiesił głos.

– A widzisz! Był miłośnikiem sztuki. Jak ja! – podskoczył Wierszynek.

– Ale czy Poniatowski był dobrym królem? Polska była coraz słabsza i doszło do podzielenia naszych ziem przez sąsiadów. Stanisław August był ostatnim władcą. Potem spędziliśmy 123 lata w niewoli – zastanawiał się Historynek.

– Z jakich książek zbudowałeś podest? – spytał Militarek.

– Z solidnych. Wszystkie mają twarde okładki i należą do wielkich dzieł literatury – napuszył się kandydat na króla molów.

– Co my tu mamy? – Wojownik zaczął czytać tytuły. – *Żaby*, *Don Kichot*, *Żołnierz samochwał*, *Chata wuja Toma*, *Skąpiec*... i ty chcesz na takich podstawach budować królestwo? Przecież to zbieranina ciekawych ksiąg, ale zupełnie nieprzydatnych do rządzenia!

– Militarek ma rację. Nie wiem, co powinni czytać władcy. Niektórzy z królów elekcyjnych nie znali języka polskiego, ale biegle władali łaciną. Musieli czytać ważne dokumenty, kroniki, opisy dawnych wojen i pisać listy do innych panujących. Zastanów się, Wierszyku, czy chcesz być królem, bo zanim cię wybierzemy, będziesz musiał obiecać nam niejedno.

– Na przykład co?

– Że za własne pieniądze będziesz sprowadzał do biblioteki nowe dzieła historyczne i wojenne. No i że nie będziesz ograniczał naszych praw i ufundujesz nam piękne regały na własność. I jeszcze, że nie podniesiesz podatków.

– A co ja z tego będę miał? Figę z makiem! No to już nie chcę być królem! – Wierszynek zeskoczył z podwyższenia i ruszył w stronę półki z bajkami.

Najstarsi poeci

– **W**yglądasz, jakbyś miał się rozpłakać. – Militarek spojrzał na pociągającego nosem Wierszynka.

– Zjadłem dwa treny Jana Kochanowskiego i tak mi smutno…

– Nic dziwnego. Jan z Czarnolasu napisał je po śmierci swo-
jej córki, Urszulki. Wzruszają nawet teraz, po czterystu latach. Skoro już miałeś ochotę na skosztowanie wierszy pierwszego polskiego
poety, to mogłeś wybrać *Pieśń o spustoszeniu Podola*:

> *Skujmy talerze, na talary skujmy,*
> *A żołnierzowi pieniądze gotujmy!*

– Tatarzy wdzierali się na nasze ziemie, więc pisarz apelował,
by złote naczynia przeznaczyć na zapłatę dla wojska i uzbrojenie armii. Takie wezwanie do walki to prawdziwa poezja!

– Kochanowski był największym polskim poetą epoki odrodzenia – włączył się do rozmowy Historynek. – Pisał wesołe fraszki, żałobne treny, hymny i pieśni, a nawet stworzył pierwszą polską sztukę teatralną. Ale nie można go nazywać „pierwszym polskim poetą". Przed nim pisali w ojczystej mowie Biernat z Lublina, który tłumaczył starożytne bajki, i Mikołaj Rej, który przelewał na papier własne pomysły. To Rej z Nagłowic powiedział:

> *A niechaj narodowie wżdy postronni znają,*
> *Iż Polacy nie gęsi, iż swój język mają.*

– Językiem urzędowym była łacina. Literaturę także tworzono w języku łacińskim. Ale w epoce renesansu Włosi zaczęli pisać wiersze po włosku, Niemcy po niemiecku, a Polacy też pokazali, że mają swój język, w którym mogą tworzyć nawet poezję.

– Ale dopiero Kochanowski ukazał całe piękno i bogactwo polskiej mowy – westchnął Wierszynek.

– Nic dziwnego! Wielu próbowało, bo rozwinęło się drukarstwo i cała Europa zaczęła tworzyć dzieła w językach narodowych, ale tylko Kochanowski osiągnął mistrzostwo!

– A że był największy, to mówi się, że był pierwszy... A teraz z powodu jego talentu brzuch mnie boli.

– Nie należy przesadzać z literaturą staropolską – pokręcił głową Historynek. – Może przegryziesz jakąś fraszką? To ci poprawi humor.

– Zrobię mu lepszą miksturę! – krzyknął Militarek. – Fraszki z pieśniami.

Zaczął mieszać w szejkerze koktajl literacki, podśpiewując: „Miło szaleć, kiedy czas po temu…”.

– Dziwne, ale prawdziwe… – zastanawiał się Historynek. – Napisane w XVI wieku, a nadal działa… Nie na darmo nazywano te czasy złotym wiekiem literatury polskiej!

Zygmuntowskie czasy

– **C**o to za zwyczaje, żeby król nadawał swojemu synowi to samo imię! – pieklił się Militarek. – Robią tylko zamieszanie w historii!

– Mówisz o francuskich Ludwikach? – zainteresował się Historynek. – To prawda, że zasiadało ich na tronie aż osiemnastu, ale byli, najprościej mówiąc, „ponumerowani", a do tego różnie ich nazywano.

– Mówię o polskich Zygmuntach! A przydomki bywają mylące. Zygmunt I Stary wcale nie był stary, gdy zaczynał rządy!

– Władał Polską ponad czterdzieści lat, a czas biegł – wtrącił Wierszynek. – Za jego panowania bardzo zmienił się Wawel. Król dbał o swoją siedzibę. Ufundował piękną kaplicę…

– …Zygmuntowską – wpadł mu w słowo Militarek.

– …i potężny dzwon dla katedry…

– …który też nazywał się „Zygmunt" – drwił Militarek. – A do tego Zygmunt I Stary, zanim się zestarzał, ożenił się z włoską księżną Boną Sforzą. Nie zgadniecie, jak miał na imię ich syn – zaśmiał się Militarek.

– Dzięki temu małżeństwu do Polski zaczęli przyjeżdżać włoscy artyści, którzy upiększyli naszą stolicę. Kaplica Zygmuntowska, której budowę nadzorował Bartolommeo Berrecci nazywana jest perłą renesansu.

– A do słonecznej Italii wędrowali polscy studenci, by kształcić się na uniwersytetach w Padwie i Bolonii – uzupełnił Wierszynek.

Militarek wzruszył ramionami.

– No i dobrze. Podróże kształcą. Ale czy musieliśmy naśladować obce obyczaje, budowle, a nawet potrawy? To właśnie królowa Bona sprowadziła pomidory, sałatę, szpinak i inne warzywa nazywane do dzisiaj włoszczyzną.

– Zaczynała się nowa epoka – renesans. Kraje Europy wymieniały się przeróżnymi doświadczeniami, a Zygmunt I zapoczątkował takie przemiany w Polsce. Prześcignęliśmy większość krajów Europy, choć początki epoki odrodzenia pochodzą właśnie z Włoch. Cały kontynent zmieniał się, bo wymyślono druk, odkryto nowe kontynenty, rozwijała się literatura i architektura. Różne historyczne klocki ułożyły się w nową budowlę. W Królestwie Polskim zmiany wprowadzone przez Zygmunta I Starego kontynuował jego syn, Zygmunt II August – tłumaczył Historynek.

– Ten przydomek jest trafny, bo chłopiec urodził się w sierpniu, a ten miesiąc po łacinie to *august*. Tylko dlaczego nie nazwano następcy tronu po prostu Zygmunt Sierpniowy?

– Słowo *augustus* oznacza także wywyższenie i majestat – oświecił go Wierszynek.

– Prawdziwy majestat pokazał Zygmunt I, gdy w 1525 roku doprowadził do hołdu pruskiego. Na krakowskim rynku książę Albrecht Hohenzollern ukłęknął przed królem i uznał się jego poddanym. Dawne państwo zakonu krzyżackiego zmieniono w Prusy Książęce. Albrecht i delegacja poddanych pokłonili się Zygmuntowi i otrzymali od niego proporzec z herbem Prus. Książę nowego państwa przysiągł wierność i pomoc na wypadek wojny.

– To ważne, ale zygmuntowskie czasy to złoty wiek kultury i sztuki, rozbudowa Krakowa i innych miast. Potrzeba na to było dwóch pokoleń; dwóch kolejnych Zygmuntów na polskim tronie; ostatnich Jagiellonów spoczywających w grobowcach wawelskiej katedry, w kaplicy Zygmuntowskiej… – zadumał się Wierszynek.

– A ten trzeci? – spytał podchwytliwie Militarek.

– Zygmunt III Waza był z nimi spokrewniony – chrząknął Historynek. – To on przeniósł w 1596 roku stolicę królestwa z Krakowa do Warszawy. Kolumna Zygmunta III to najstarszy warszawski pomnik…

– A nie mówiłem, że ci Zygmuntowie narobili zamieszania w historii! – triumfował Militarek. – Królów powinno się nie tylko numerować, ale i przypisywać według imion do jednego miejsca!

Potop

Wierszynek wędrował pomiędzy regałami i przyglądał się książkom.

– Zgubiłeś coś? – zagadnął Historynek.

– Nie... Zastanawiam się, czy nie zbudować tratwy. Militarek wspominał o potopie. Trzeba będzie ratować najcenniejsze książki.

– Wszystko pokręciłeś – zganił go Militarek. – Mówiłem o potopie szwedzkim. Tak nazywana jest wojna, którą toczyliśmy w latach 1655–1660.

– No to może potrzebne będą okręty? Albo arka Noego? Albo przynajmniej parasol?

– Chodzi o to, że wojska króla szwedzkiego Karola Gustawa zalały Rzeczpospolitą jak potop. Na początku wojny w ciągu trzech miesięcy Polacy przegrali siedem bitew, a Szwedzi zajęli bez większych walk Poznań, Kraków i Warszawę – wytłumaczył znawca historii. – Szwedzi wygrali między innymi bitwę pod Sobotą, po której musiało wycofać się duże zgrupowanie polskich wojsk pod Piątkiem.

– No to walczyli w piątek czy w sobotę? – pogubił się Wierszynek.

– Bitwa pod Sobotą odbyła się w czwartek, 2 września 1655 roku – odpowiedział wojownik.

– Nie dziwę się, że wojsko dało się zaskoczyć. Wszystko się poplątało. Ale dlaczego Szwedzi uderzyli na Polskę?

– Bo wcześniej odnieśli sukces w innej wielkiej wojnie i mieli wiele wojska. W dodatku Szwecja panowała nad prawie całym Morzem Bałtyckim. Gdyby zagarnęli wszystkie porty, Bałtyk stałby się ich prywatnym morzem. – Historynek otworzył atlas.

– Ich wielka armia była bezczynna – dodał Militarek – a żołnierzom trzeba było wypłacać żołd*. Przyszli do Polski po łupy, żeby dać wojakom zajęcie i zapłatę. A powoływali się na fakt, że Rzecząpospolitą władają królowie elekcyjni z dynastii Wazów. Szwedzki król był z nimi spokrewniony, a część polskich magnatów chętnie obwołałaby go wspólnym królem Polski i Szwecji.

– To zdrada! – oburzył się Wierszynek.

– Tak, ale w XVII wieku prawie wszyscy panujący w Europie byli spowinowaceni. Na wojnie każdy wykręt jest dobry. – Militarek poprawił pas z nabojami.

– Nie zapominajcie, że Polska była osłabiona wojną z Rosją i powstaniami kozackimi na Ukrainie. Większość naszych wojsk znajdowała się na wschodzie, gdy od północy wkroczyli Szwedzi. – Historynek przekładał karty atlasu.

---

* żołd – pensja wypłacana żołnierzom

– Na szczęście po pierwszych klęskach udało się zorganizować opór. – Militarek wypiął pierś. – Najeźdźcy sami byli sobie winni, bo kradli, co popadło, mordowali i traktowali ziemie polskie jak zdobycz, a nie jak nową część szwedzkiego królestwa. Nic dziwnego, że wielu Polaków uznało, że takie panowanie Karola Gustawa doprowadzi kraj do ruiny. Nawet magnaci, którzy witali go z radością, zaczęli się od niego odwracać. W bitwie pod Krosnem rozbito oddziały szwedzkie wspierane przez polskich zdrajców. Mieszczanie i chłopi wyzwolili Nowy Sącz, a górnicy z kopalni soli przepędzili okupantów z Wieliczki.

– W tym samym czasie dzielnie bronił się klasztor na Jasnej Górze. Henryk Sienkiewicz pisał o tym w *Potopie* – przypomniał sobie Wierszynek.

Historynek i Militarek popatrzyli na siebie i przytaknęli.

– Sienkiewicz trochę wyolbrzymił liczbę szwedzkich wojsk – podjął opowieść znawca historii – i opisał wysadzenie największego działa przez wymyślonego bohatera, Andrzeja Kmicica, co nie miało miejsca, ale niewiele minął się z prawdą. Obrona katolickiego klasztoru przed Szwedami, którzy wyznawali protestantyzm, miała znaczenie symboliczne. Pokazywała, kto jest najeźdźcą, i jednoczyła Polaków wokół ojczyzny i religii.

– Przeor Augustyn Kordecki pozornie uznał władzę Szwedów, ale jednocześnie szukał pomocy u polskiego króla Jana Kazimierza i zakupił sześćdziesiąt muszkietów. Liczył się z oblężeniem, więc wzmocnił obronę klasztoru częstochowskiego, a cudowny obraz Maryi zastąpił kopią. Chciał uchronić Jasną Górę przed rabunkiem i dewastacją. – Wierszynek udowodnił, że zna nie tylko literaturę piękną. – Przez prawie dwa miesiące zakonnicy i garnizon wojska bronili się tak skutecznie, że szwedzki generał musiał się wycofać. Zdobyć klasztoru nie potrafił, a sam ponosił straty. Na koniec, by zachować twarz, zażądał 60 000 talarów za przerwanie ataków. Przeor Kordecki odpisał mu uprzejmie, że na początku oblężenia chętnie by zapłacił, ale szwedzka artyleria narobiła tyle szkód, że teraz potrzebuje pieniędzy na odbudowę.

Militarek uznał, że musi coś wtrącić, bo ma największe prawo, by opowiadać o walkach.

– A w grudniu szlachta zawarła przymierze przeciw Szwedom. W tym samym czasie król Jan Kazimierz, który wcześniej musiał wycofać się na Śląsk, wrócił do kraju. Zaczęła się regularna wojna.

– Ale dlaczego potop trwał pięć lat? Jeśli napastnicy potrafili zająć ziemię w pół roku, to obrońcy mogli ją chyba odbić w podobnym czasie? – dziwił się Wierszynek.

– To nie takie proste. Do wojny przyłączyły się inne państwa. Po stronie Szwedów opowiedzieli się między innymi Węgrzy, Siedmiogrodzianie, Rosjanie i litewski ród Radziwiłłów. Polskę poparli Niemcy i Tatarzy. Kozacy chcieli przy okazji uzyskać niepodległość, a książę pruski Fryderyk Wilhelm walczył po obydwu stronach, bo miał własne plany. Każdy kraj próbował coś zyskać na konflikcie Polski ze Szwecją. Wojna i polityka, Wierszynku – rozłożył ręce Historynek.

– Wyszliśmy na tym najgorzej – sapnął Militarek – bo wygraliśmy wojnę, ale toczyła się ona na naszych ziemiach. Potop szwedzki pokazał, że Polska jest krajem wielkim, ale coraz słabszym i źle zarządzanym. Najeźdźcy przegrali, ale ich kraj nie ucierpiał. Podpisali pokój w Oliwie w 1660 roku i wrócili do domu. Ich armia była zmęczona, wygłodzona i schorowana, ale miała dokąd wracać. A nasze straty były podobne do tych z drugiej wojny światowej. Czekała nas odbudowa, a skarbiec był pusty.

Historynek szturchnął Militarka pod żebro.

– Nie przerywaj mu – powiedział Wierszynek. – Domyślam się, że Szwedzi łupili nie tylko zamki, kościoły i całe miasta, ale wywozili też dzieła sztuki. Jakoś to zniosę – westchnął.

– Rabowali polskie biblioteki – przytaknął wojowniczy mól.

– No tego to już nie zniosę! – zdenerwował się Wierszynek. – Przygotujcie mi muszkiet i szablę, bo za godzinę wypływam do Szwecji!

Skrzydlata kawaleria

– „**K**ról Sobieski pobił Turków pod Wiedniem" – Wierszynek odczytał hasło rozwiązanej krzyżówki. – Dziwne... Jan III Sobieski był królem Polski, Wiedeń to stolica Austrii, a Turcy mieszkają daleko, na wschodnim brzegu Europy...

– W XVII wieku granice przebiegały inaczej, a Turcy urządzali wyprawy wojenne, aby napadać na inne państwa. Grabili wszystko, co miało jakąkolwiek wartość, palili miasta i brali ludzi w niewolę – tłumaczył Militarek.

– Ale co Polacy robili w Austrii? – kręcił głową Wierszynek.

– Wielki wezyr* Kara Mustafa poprowadził swoją armię południem Europy i pustoszył tamtejsze kraje – wtrącił się Historynek. – Sobieski walczył z Turkami od wielu lat i przeczuwał, że jeśli oblegany Wiedeń padnie, to najeźdźcy wrócą na swoje ziemie przez Pol-

---

* wezyr – dostojnik państwowy w wielu krajach muzułmańskich skę. Dlatego gdy cesarz austriacki poprosił go o pomoc, czym prędzej ruszył nad Dunaj z odsieczą**.

– Do wielkiej bitwy doszło 12 września 1683 roku. Turcy mieli najlepiej wyszkoloną piechotę – doborowe oddziały janczarów***, a Polacy najlepszą ciężką kawalerię – husarię****. To właśnie skrzydlata kawaleria odegrała w tym starciu najważniejszą rolę – zapalał się Militarek. – Husaria ustawiła się na wzgórzu, by konie mogły nabrać pełnego rozpędu, i przetoczyła się po tureckich szeregach jak stalowy walec! Wielki wezyr zmykał w takim popłochu, że zgubił turban i porzucił wielką chorągiew proroka Mahometa!

– Latać nie potrafili, ale skrzydła mocowane na plecach lub z tyłu siodła straszyły prze-

---

** odsiecz – pomoc udzielona komuś w trudnej sytuacji; pomoc dla oblężonej twierdzy lub wojska

*** janczar – żołnierz dawnej regularnej piechoty tureckiej

**** husaria – tu: ciężka jazda nosząca półzbroję ze skrzydłami u ramion

ciwników i płoszyły ich konie. Chroniły też przed linami, które Tatarzy zarzucali jak lasso, by powalić kawalerzystę na ziemię. – Wierszynek pokazał, że też wie niejedno.

– Pokonując potęgę turecką, Jan III Sobieski obronił nie tylko Wiedeń, ale i Polskę oraz wiele innych krajów. Rzecząpospolitą nazywano wtedy przedmurzem chrześcijaństwa, bo najeźdźcy byli muzułmanami i swoje wyprawy do Europy traktowali jako świętą wojnę z niewiernymi, którymi byli – w ich przekonaniu – chrześcijanie. Nasz kraj graniczył z ziemiami Tatarów i Turków, więc wiele razy broniliśmy swoich granic, a przez to także reszty Europy. Chwalono nas za obronę kontynentu i wiary chrześcijańskiej, ale przypadła nam rola muru, o który rozbija się pierwszy atak. To trochę niewdzięczne zajęcie, bo atakowali nas także Szwedzi i Rosjanie.

– Gdy już przestano się bać najazdów tureckich i tatarskich, zapanowała moda na wschodnie tkaniny, ozdoby, ubiory – dorzucił Wierszynek. – We Wiedniu powstały pierwsze kawiarnie, w których parzono kawę prosto z Turcji.

Militarek wzruszył ramionami.

– Polski król rozbił ponad stutysięczną armię nieprzyjaciół, a ty zapamiętałeś tylko, że zdobyliśmy przepis na kawę po turecku. Ale łup!

Król dobry, król zły?

– **S**tanisław August Poniatowski był dobrym królem – tupnął nogą Wierszynek.

– No to dlaczego był ostatnim? Czy sam nie przyczynił się do rozbiorów?

– W młodości wiele podróżował i poznał inne kraje Europy. Widział, jak sprawuje się rządy w Anglii, a jak w Rosji.

– To, że poznał kulturę wielu krajów i chciał w Polsce coś poprawić, to trochę za mało – wtrącił Historynek. – Chodzi o to, czy nadawał się na władcę.

– Ufundował z własnych pieniędzy Teatr Narodowy! Wystawiano w nim sztuki polskich autorów pokazujące, jak kraj powinien się zmieniać.

– Pierwsze polskie czasopismo „Monitor" też powstało z inicjatywy Poniatowskiego i też przypominało o konieczności zmian – zgodził się Historynek.

– Czy wydawanie pieniędzy na teatry i gazety to najważniejsze zalety króla? – Militarek nie dał się przekonać.

– Ufundował też Szkołę Rycerską, w której kształcili się młodzi wojskowi i dyplomaci. Co na to powiesz? – zaatakował miłośnik sztuki.

Nieoficjalna rozmowa carycy Rosji Katarzyny II i króla Prus Fryderyka II Wielkiego

– Zobowiązał się do otwarcia takiej szkoły, gdy wstępował na tron. Mogła kształcić rocznie dwustu kadetów*, ale stale brakowało

---

* kadet – uczeń szkoły wojskowej

pieniędzy, by tylu utrzymać – prychnął wojownik. – Za to król radził, by młodych ludzi wysyłać do Petersburga. Mieli nabierać ogłady na dworze carycy Katarzyny Wielkiej.

– Kultura nikomu jeszcze nie zaszkodziła, nawet jeśli trzeba się jej uczyć od sąsiada. A nasz król co czwartek zapraszał na obiad artystów. Rozmawiano o sztuce, kulturze, nauce i naprawie państwa – dąsał się Wierszynek.

– Lepiej by zrobił, gdyby częściej przebywał w otoczeniu polityków i generałów. Zamiast tyle gadać o reformach, trzeba było je wprowadzić!

Historynek podrapał się po głowie i westchnął.

– To nie takie proste. Stanisław August został królem, bo jego kandydaturę wysunęły Prusy i Rosja. Od początku panowania musiał się liczyć z sąsiadami. A im nie zależało na tym, by Polską władał wybitny polityk. Woleli widzieć na tronie kogoś słabego i uległego.

– Czyli był złym władcą! – triumfował wojowniczy mól.

– Zrobił wiele dobrego. Wierszynek wspominał już o teatrze i gazecie, a do tego ten ostatni król Polski pozostawił po sobie olbrzymią kolekcję malarstwa, bibliotekę i cenny zbiór map.

– No i pałac Łazienkowski z ogrodem i pięknymi rzeźbami – dorzucił obrońca króla.

– To prawda, ale pomnik Jana III Sobieskiego król ufundował, by Polacy pamiętali, że ich wrogami są Turcy, a nie Rosjanie – wyjaśnił znawca historii.

– A Komisja Edukacji Narodowej, która unowocześniła naukę w szkołach? A Towarzystwo do Ksiąg Elementarnych, które opracowało nowe podręczniki? A pierwsza biblioteka publiczna? To wszystko zawdzięczamy królowi Poniatowskiemu! – Wierszynek miał wypieki na twarzy.

– Żeby założyć Komisję Edukacji, król musiał zapytać o zgodę ambasadora rosyjskiego. Pozwolił sąsiadom na wtrącanie się w sprawy Polski i potwierdzał ich prawa do ziem polskich w zamian za pomoc w wojnach – prychnął Militarek.

– Ważniejsze jest to, że król stale pożyczał pieniądze. Wydawał na sztukę, szkoły i kulturę tyle złota, że wpędził kraj i siebie w długi. Gdyby przeciwstawił się Prusom, Austrii i Rosji, to państwa te albo podbiłyby nas swoimi armiami, albo po prostu przestałyby nam pożyczać pieniądze. Długi króla wynosiły 40 milionów złotych.

– Za taką sumę można utrzymać sto tysięcy żołnierzy, którzy broniliby ojczyzny!

– Król nie miał jak oddać pożyczonych pieniędzy, a wiedział, że koronę zawdzięcza Prusom i Rosjanom. Nie chciał się im sprzeciwiać, więc w roku 1772 zgodził się na oderwanie od Polski części ziem.

– A Konstytucja 3 maja? – nie poddawał się Wierszynek. – Zrównanie praw mieszczan i szlachty, zaopiekowanie się chłopami. Zniesienie złotej wolności szlacheckiej**. To wszystko nic?

** złota wolność szlachecka – swobody, prawa i przywileje przysługujące szlachcie

– Konstytucja z 1791 roku zmieniłaby sposób rządzenia Polską. Zamiast zwoływania sejmów szlacheckich, które często były zrywane, prawa uchwalałby parlament, król dbałby o ich przestrzeganie, a sądy nie podlegałyby żadnym naciskom. Wiadomo byłoby, kto za co odpowiada. Żaden kraj w Europie nie miał tak pięknie napisanej konstytucji.

– A nie mówiłem, że Stanisław August był dobrym królem? – triumfował Wierszynek.

– A co zrobić, gdy w parlamencie zasiadają zdrajcy, król zawsze pyta o zdanie carycę Katarzynę, a sędziego można przekupić? Demokracja to rządy większości, więc ma sens, gdy większość jest mądra i uczciwa. A Polska za czasów Poniatowskiego była słaba, biedna i zależna od Rosji. Konstytucja miała to zmienić, ale po roku przestała obowiązywać. Król sam przeszedł na stronę jej przeciwników. Ciekawe, kto mu kazał? – skrzywił się Militarek.

– Twórcy konstytucji nazwali ją testamentem gasnącej Ojczyzny – pokiwał głową Historynek.

Wojowniczy mól pokręcił głową i stanął w obronie złotej wolności.

– Szlachta widziała, jak rządzą monarchowie w innych państwach. Podwyższali podatki i prowadzili politykę i wojny, nie pytając nikogo o radę. Szlachcice obawiali się, że w Polsce będzie tak samo. Nie chcieli tracić przywileju decydowania o losie kraju.

– Czasami jeden przekupiony poseł mógł zerwać obrady sejmu. Z drugiej strony jeden uczciwy człowiek mógł zabronić pozostałym zrobienia czegoś złego. Złota wolność szlachecka miała tyle samo wad, co i zalet – zgodził się Historynek.

– No to Stanisław August był dobrym królem czy złym? Bo już nie jestem pewien… – zasmucił się Wierszynek.

– Wiele dobrego zrobił dla kultury, nauki, sztuki. Dał Polakom nowoczesną konstytucję. Ale był człowiekiem uległym i niesamodzielnym. Jego rządy doprowadziły do tego, że ziemie polskie zostały całkowicie podzielone pomiędzy zaborców. Każdy kij ma dwa końce – próbował pocieszyć przyjaciela znawca historii.

– Tak to jest, gdy się zbytnio ufa sąsiadom, a potem we własnym domu trzeba słuchać ich poleceń. Możemy króla Stasia dobrze wspominać, ale tym kijem, co ma dwa końce, powinien przetrzepać skórę każdemu, kto się wtrącał w sprawy Polski. A tego nie potrafił – mruknął Militarek i poszedł szukać kija.

Jeszcze Polska...

Wierszynek ustawiał na półce stare zegary, szkatułki i medaliony z miniaturowymi obrazkami.

– Co majstrujesz? – zajrzał mu przez ramię Militarek. – Czy ta nitka to lont do bomby?

– Tak i nie – odpowiedział zagadkowo mól i pociągnął za sznurek.

Wszystkie eksponaty zaczęty grać jednocześnie *Mazurka Dąbrowskiego*.

– Dwieście lat temu powstał na włoskiej ziemi polski hymn państwowy! Baczność!

Historynek podrapał się po głowie.

– Tak naprawdę to Józef Wybicki zapisał słowa *Pieśni Legionów Polskich we Włoszech* w roku 1797 i od tego czasu wojacy śpiewali tę pieśń. W roku 1831 uznano ją za hymn narodowy – bo państwa polskiego wtedy nie było, a hymnem państwowym *Mazurek Dąbrowskiego* jest od roku 1926.

– Nie psuj święta – bronił Wierszynka Militarek. – Około dwustu lat temu ta piosenka stała się przebojem wśród dwudziestu tysięcy polskich legionistów walczących u boku Napoleona Bonapartego we Włoszech i stamtąd przywędrowała nad Wisłę.

– Zaborcom* nie podobały się słowa: „Co nam obca moc wydarła, szablą odbierzemy”, więc zakazali śpiewania *Mazurka*. Ale Polacy pokochali ten utwór, śpiewali go, a często konstruowano też zegary z kurantem wygrywającym jego melodię, a także przeróżne inne przedmioty z pozytywkami. – Wierszynek wskazał na swoją kolekcję.

– Racja! Okupanci** nie mogli kontrolować wszystkich sprzętów wydzwaniających ludową melodię, która wraz ze słowami zapadała w serca.

---

* zaborca – państwo, które zagarnęło przemocą obce terytorium; tu: Austria, Prusy, Rosja

** okupant – państwo, które czasowo zajmuje obce terytorium przy użyciu siły zbrojnej

– Tekst trochę się zmienił, dopisywano kolejne zwrotki, ale główna myśl pozostała ta sama: Polacy chcą odzyskać niepodległe państwo!

– Tak samo było z *Rotą* Marii Konopnickiej. „Nie rzucim ziemi, skąd nasz ród"! Ta pieśń też zachęcała do walki z zaborcami. Powstała w roku 1908 i była bardzo popularna. Po odzyskaniu niepodległości zastanawiano się, czy hymnem powinien być *Mazurek Dąbrowskiego*, czy poważniejsza *Rota*. *Mazurek* wygrał, bo był starszy i bardziej melodyjny.

– Ludzie zawsze czuli potrzebę podkreślenia, że należą do jednej, silnej grupy – filozofował Historynek. – Łatwiej im żyć, gdy mają wspólne godło, barwy narodowe, hymn... A wiecie, jaka pieśń była pierwszym polskim hymnem?

– Wiem! *Bogurodzica*! – krzyknął Militarek.

– Tak. Przed bitwą pod Grunwaldem polskie rycerstwo odśpiewało *Bogurodzicę*, która uznawana jest za pierwszy polski hymn państwowy!

Kosy i armaty

Militarek rozstawiał na mapie figurki żołnierzyków.

– Wybierasz kosy czy armaty? – spytał Wierszynka.

Literacki mól wyczuł podstęp i spojrzał na pole walki.

– „Rok 1794, insurekcja kościuszkowska, Racławice…" – przeczytał na głos i uśmiechnął się. – Kosy!

– Brawo! – pochwalił go Historynek. – Oddziały chłopów-kosynierów* zdobyły w tej bitwie baterię dział**, czym przyczyniły się do zwycięstwa polskich powstańców nad rosyjskim wojskiem.

– Zwykle armata jest potężniejszą bronią niż osadzona na sztorc, czyli pionowo, kosa – Militarek próbował wywieść kolegów w pole.

– Ale nie tym razem! – roześmiał się Historynek. – Chłopi okazali się niezwykle odważni i mieli motywację – pewne powody do

---

* kosynier – żołnierz uzbrojony w kosę osadzoną na sztorc na drzewcu

** bateria dział – stanowisko dla dział, szaniec

walki. Bronili wolności ojczyzny, a Tadeusz Kościuszko wydał ustawy (Uniwersał połaniecki***), które miały polepszyć ich los.

– To były dziwne czasy… – zadumał się Wierszynek. – Polska, która sto lat wcześniej broniła sąsiadów, osłabła i musiała im ulegać…

– Doszło do tego, że Prusy, Rosja i Austria zaczęły się dzielić ziemiami państwa, które przelewało krew i za nich. Nic dziwnego, że po drugim rozbiorze**** wybuchło powstanie, którego Naczelnikiem wybrano Tadeusza Kościuszkę – rozgadał się Historynek. – Był bardzo ceniony przez patriotów, bo, jak oni, kochał ojczyznę i dał się poznać jako utalentowany dowódca. Nawet w Ameryce pokazał, co potrafi. Walczył o niepodległość Stanów Zjednoczonych.

*** Uniwersał połaniecki – akt prawny wydany przez Tadeusza Kościuszkę w 1794 roku; miał przyznać wolność chłopom pańszczyźnianym, jednak w rzeczywistości nie miał prawie żadnego wpływu na sytuację chłopów

**** drugi rozbiór Polski – drugi z trzech rozbiorów Polski (dokonany przez Rosję i Prusy), do których doszło pod koniec XVIII wieku

Militarek rozwinął większą mapę.

– Powstanie ogarnęło w krótkim czasie całą Polskę – Kraków, Warszawę, Wilno! Wiadomość o zwycięstwie pod Racławicami obiegła cały kraj i dodała ludziom otuchy.

– Trudno jest wojować przeciwko kilku wrogom jednocześnie. Insurekcja kościuszkowska trwała pół roku. Potem wojska zaborców pobiły powstańców pod Maciejowicami, a ranny Naczelnik został wzięty do niewoli. Krótko potem nastąpił trzeci rozbiór Polski i państwo zniknęło ze wszystkich map na 123 lata – pokiwał głową Historynek.

– Ale jeszcze nieraz Polacy podrywali się do walki. Wybuchały powstania, oddziały narodowe walczyły na całym świecie „za wolność naszą i waszą".

– Wierzyli, że prędzej czy później ojczyzna odzyska niepodległość i odmieni się zły los.

– I mieli rację! – Militarek uderzył pięścią w stół. – Nie wolno się poddawać, choć przeciwnik jest silniejszy. Bywa, że odwaga i kosa więcej znaczą w walce niż armaty.

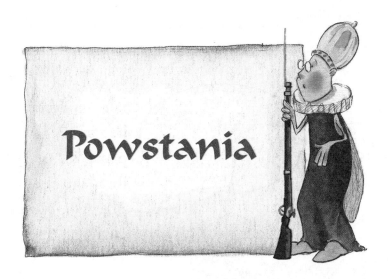

Powstania

– **P**owstanie! Polacy, do broni! – krzyczał Militarek.

– Znowu? Które tym razem… – Wierszynek przetarł oczy.

– Nieważne! Jak zwykle o wolność i niepodległość! Przeciwko zaborcom! – darł się wojowniczy mól.

– Powinieneś dokładniej wgryźć się w to, co czytasz – skarcił go Historynek. – To prawda, że w ciągu stu trzydziestu lat Polacy kilkanaście razy chwytali za broń, ale z różnych powodów.

– Powstanie kościuszkowskie z 1794 roku miało zapobiec rozbiorom słabej ojczyzny – zaczął wyliczać Militarek.

– Ale Prusy, Rosja i Austria i tak podzieliły się polskimi ziemiami.

– Dlatego w roku 1806 wybuchło powstanie wielkopolskie. Polacy rozbrajali pruskie garnizony* i uciekali z niemieckiego wojska,

* garnizon – oddział wojska przebywający na stałe w danym mieście lub twierdzy

> Carze! Polacy znowu organizują powstanie narodowo-wyzwoleńcze!

> Nie wiem, co wymyślą pozostali zaborcy, ale ja ześlę tych najbardziej zaangażowanych na Syberię. Może chłodny klimat ostudzi wreszcie ich zapał!

w którym służyli pod przymusem. Zaborca toczył wojnę z armią Napoleona Bonapartego, a na jego tyłach wyrosła druga armia! Prusacy przegrali, bo Polacy i Francuzi połączyli siły. Cesarz Francuzów okazał wdzięczność polskim legionistom[**] i powstańcom, tworząc niepodległe Księstwo Warszawskie.

– Po upadku Napoleona zaborcy znów zaczęli gnębić Polaków. – Historynek studził zapał bojowy przyjaciela.

– Więc w 1830 roku wybuchło powstanie listopadowe[***]! Przez prawie rok Rosjanie nie mogli sobie poradzić z wielkim zrywem narodowym!

[**] legionista – żołnierz służący w legionach

[***] powstanie listopadowe – polskie powstanie narodowe przeciwko Rosji, które wybuchło w 1830 roku

– Gdy wreszcie sobie poradzili, patrioci musieli uciekać z kraju. To była naprawdę Wielka Emigracja****.

– A gdy dorosło nowe pokolenie patriotów, w 1863 roku wybuchło powstanie styczniowe. Znowu złoiliśmy skórę Rosjanom!

– A potem oni nam... – mruknął Historynek.

– Nieważne! Daliśmy im za to łupnia w czasie pierwszej wojny światowej. A zaraz po jej zakończeniu wybuchło w Poznaniu kolejne powstanie wielkopolskie! To zwycięstwo z 1918 roku miało wpływ na wyznaczanie granic wyzwolonego państwa.

– A ja zawsze myślałem, że Polacy mieli też inne zajęcia oprócz buntów, powstań i wojen – wtrącił Wierszynek. – Że pielęgnowali ojczyste tradycje, pisali, malowali, komponowali...

– Bo tak było! – nie stropił się Militarek. – Może opowiesz?

– Innym razem. – Wierszynek zatrzasnął za sobą okładkę *Dziejów kultury*.

**** Wielka Emigracja – ruch emigracyjny polskiej ludności w pierwszej połowie XIX wieku, którego przyczyną był upadek powstania listopadowego; z kraju wyjeżdżali patrioci, głównie szlachta, żołnierze, politycy, pisarze i artyści

Aż do skutku

Militarek wyglądał na zdenerwowanego.

– Rozumiem, że powstańcy w XIX wieku nie mogli umawiać się przez telefon, ale któraś z prób obalenia zaborców musiała się udać!

– Rosja, Prusy i Austria dobrze pilnowały zagarniętych ziem. Okupanci współpracowali ze sobą. Mieli więcej wojska, szpiegów i zapasów żywności. Posiadali kontrolę nad pocztą, a później także koleją i telegrafem – tłumaczył Historynek.

– Można powiedzieć, że w listopadzie roku 1830 mieliśmy pecha. Nawet pogoda była przeciwko nam. Sygnałem wybuchu powstania miał być pożar browaru. Była mgła, padał deszcz i nie wszyscy zauważyli znak.

– Zaborcy woleli polegać na informatorach, a nie na pogodzie. Gdy w 1846 roku Polacy planowali powstanie w Krakowie, z dnia na dzień zebrały się bandy chłopów, które mordowały szlachciców w całej Galicji.

– Jak to? Polacy przeciwko Polakom? – Wierszynek aż podskoczył.

– Tak. Austriacy rozpuścili plotkę, że to szlachta chce zemścić się na poddanych, więc chłopi wzniecili własne powstanie. Nie wiadomo, czy Jakub Szela, okrutny dowódca, nie był przekupiony przez zaborców. Austriacy nie przeszkadzali mu w grabieżach i morderstwach, bo skłócenie Polaków było dla nich korzystne.

– Powstanie styczniowe w roku 1863 było lepiej przygotowane, ale wybuchło za wcześnie. Brakowało broni i amunicji, a dowódcy nie uzgodnili szczegółów – westchnął wojak.

– Ci, którzy chcieli walczyć za ojczyznę, nie mogli czekać. Car zarządził pobór młodych mężczyzn do rosyjskiego wojska. Zwykle rekrutów wybierało się przez losowanie, a tym razem przygotowano listę kilkunastu tysięcy Polaków podejrzanych o spiskowanie przeciw Rosji. Patrioci wiedzieli, że jeśli nie zaczną walki zimą, to na wiosnę będą w więzieniach albo daleko od domu, w carskiej armii – znawca historii rozłożył bezradnie ręce.

– I tak wygrywaliśmy przez prawie rok. Cały świat dowiedział się, że Polacy walczą o niepodległość.

– Ale nikt nie spieszył z pomocą. Amerykanie nie wiedzieli nawet, kto ma rację. Prowadzili wtedy własną wojnę i bardziej im zależało na przyjaźni z Rosją. A car Aleksander II nie próżnował. Nie tylko na froncie – zadumał się Historynek.

– Stoczono ponad tysiąc bitew i potyczek! Walczyła szlachta, mieszczanie i chłopi! – pocieszał się Militarek.

Znawca dawnych dziejów przytaknął, ale nie pozwolił sobie przerwać.

– Gdy przywódca powstania, Romuald Traugutt, ogłosił, że chłopi otrzymają ziemię na własność i zachęcał ich do udziału w walkach, car wydał własny dekret uwłaszczenia chłopów, pod warunkiem, że nie będą walczyć.

– No to nieciekawy wybór – podrapał się po głowie Wierszynek. – Można dostać ziemię od Polaków, jeśli wygrają, albo od cara Rosji, który jest silniejszy i bogatszy. Domyślam się, że chłopi zaczęli się zastanawiać, czyje obietnice są bardziej realne, i nie poparli powstańców…

– To wielka polityka. Skłócić walczących, pokazać światu, że Polacy są buntownikami i zawrzeć przymierze z Prusami, którzy obiecali zbrojną pomoc, choć na ich ziemiach nie toczyły się walki.

– To wielkie kłamstwo! Zaborcy obiecywali, że nie będą się mścili na powstańcach, by uniknąć wojny z innymi państwami. Gdy

118

tylko stłumili zryw narodowy, odebrali szlachcicom ponad 1500 majątków i zesłali na Syberię kilkadziesiąt tysięcy Polaków, którzy walczyli lub popierali powstanie. Tych ludzi zmuszano do ciężkiej pracy w kamieniołomach i kopalniach. Katorżnicy* byli uwięzieni tysiące kilometrów od ojczyzny, w tej części Rosji, która leży w Azji. Przywódców wieszano lub rozstrzeliwano. Tak było! – zdenerwował się Militarek.

– Zawsze tak jest. W czasie pierwszej wojny światowej wszyscy zaborcy dużo Polakom obiecywali. Ich mocarstwa były coraz słabsze, więc musieli pozyskać tych, których wcześniej okupowali, żeby wygrać kolejną wojnę. Na szczęście nie powiodło im się – odetchnął Historynek.

– W niepodległej Polsce dalej musieliśmy walczyć. Na szczęście powstanie wielkopolskie wygraliśmy i ziemie zaboru pruskiego wróciły do ojczyzny.

– Nie wszystkie. Ślązacy jeszcze trzy razy chwytali za broń, by ich region znalazł się w Rzeczypospolitej.

– W 1919 roku walczyli do wyczerpania zapasów amunicji. Armia polska nie mogła im pomóc, bo toczyła wojnę z bolszewicką Rosją.

– Gdyby Niemcy nie gnębili Górnoślązaków, może by ich pozyskali. Ale gdy się kogoś na siłę chce zrobić Niemcem, a zabrania

---

* katorżnik – człowiek zesłany w głąb Rosji na przymusowe roboty

mu się sympatii do Polski, to zwykle kończy się to rozlewem krwi – dodał Wierszynek. – Mogli od razu zgodzić się na plebiscyt i pozwolić ludziom, by wybrali, który kraj chcą mieć za ojczyznę.

– Na plebiscyt i tak musieli przystać, a potem, mimo że fałszowali wyniki, nie byli zadowoleni z wyniku. To doprowadziło do trzeciego powstania śląskiego. Ślązacy nauczyli się wiele w poprzednich latach. Wysadzali mosty na Odrze, rozkręcali tory kolejowe i uszkadzali linie telefoniczne. W ten sposób odcięli region od reszty Niemiec. Mieli nawet własne pociągi pancerne! Potem walczyli tak długo, aż Polska sobie o nich przypomniała, a międzynarodowa komisja plebiscytowa zmieniła granicę na korzyść Rzeczypospolitej. – Militarek wypiął pierś.

– Sam widzisz, że z biegiem czasu powstania były coraz bardziej udane – zauważył Wierszynek.

– Może warto dbać o kraj i uważać na fałszywych przyjaciół, żebyśmy nie musieli sprawdzać, czy kolejne będzie całkiem udane. – Historynek z kwaśną miną sięgnął po najnowszą gazetę.

Dla pokrzepienia serc

– Gdy ciebie słucham, to odnoszę wrażenie, że Polacy przez całe życie nie wypuszczają szabli z ręki – śmiał się Wierszynek.

– To waleczny naród! – bronił się Militarek. – Zwłaszcza, gdy ojczyzna jest w niebezpieczeństwie.

– W XIX wieku ojczyzny w ogóle nie było, bo rządzili nią zaborcy… – wtrącił Historynek.

– …więc wybuchały powstania… – wpadł mu w słowo Militarek.

– …a wielu ludzi walczyło o Polskę pędzlem, piórem, umysłem – dokończył Wierszynek. – Wielki malarz historyczny, Jan Matejko, właśnie pod zaborami tworzył obrazy przypominające o dawnej wielkości Polski: *Bitwę pod Grunwaldem*, *Hołd pruski*, *Batorego pod Pskowem*, *Poczet królów polskich*. Takie obrazy pomagały żyć w niewoli. Pokazywały wydarzenia, którymi Polacy mogli się chlubić. Wygrane bitwy, korzystne przymierza, umacnianie granic i mądrych królów.

– Henryk Sienkiewicz stwierdził otwarcie, że pisze swoje księgi „dla pokrzepienia serc" – uzupełnił Historynek.

– Najsmaczniejsza jest trylogia: *Ogniem i mieczem*, *Potop*, *Pan Wołodyjowski* – oblizał się Militarek. – Polacy pokonują w tych książkach Kozaków, Szwedów, Tatarów i Turków!

– A *Krzyżacy*? A opisująca starożytny Rzym *Quo vadis*, za którą autor został wyróżniony Nagrodą Nobla? – nie pozwolił sobie przerwać Wierszynek. – Zaborcy tak bali się książek sławiących historię Polski, że zabraniali je drukować. Literaturę patriotyczną przemycano zza granicy. Taki sam los spotkał wcześniej wiersze Juliusza Słowackiego i Adama Mickiewicza. Największa polska epopeja narodowa – *Pan Tadeusz* – napisana została we Francji. Także Fryderyk Chopin komponował swe polonezy, mazurki i oberki na emigracji…

– Wynalazcy też nie mieli wtedy łatwego życia – westchnął Militarek.

– Ignacy Łukasiewicz musiał długo przekonywać austriackie władze, że jego badania nad ropą naftową nie są spiskiem, a skonstruowana przez niego lampa naftowa to nie bomba.

– Nic dziwnego, że Maria Skłodowska-Curie badała pierwiastki promieniotwórcze we Francji. W ojczyźnie nigdy by jej na to nie pozwolono. Ale i ona nie zapomniała o kraju. Jeden z odkrytych pierwiastków nazwała polonem – na cześć Polski.

Historynek podrapał się po głowie.

– Pani Maria i tak miała więcej szczęścia od innych. Jako jedyna z tych, których wspominamy, doczekała odzyskania niepodległości. I dwukrotnie zdobyła Nagrodę Nobla!

– Wszyscy ci ludzie – artyści, wynalazcy, naukowcy – byli tak samo ważni dla narodu w niewoli jak ci, którzy walczyli z bronią w ręku – uśmiechnął się Wierszynek. – Wszystko, co robili, świadczyło o tym, że choć państwa nie ma na mapie, to „jeszcze Polska nie zginęła", bo Polacy służą swojemu krajowi, wykorzystując różnorodne talenty „dla pokrzepienia serc".

Polskie wynalazki

– **P**olacy to pomysłowy naród. – Historynek przeglądał *Wielką księgę wynalazków*.

– O wielu konstruktorach zapomniano. Porucznik Józef Kosacki wraz z kolegą skonstruował wykrywacz min. Nie opatentowali wynalazku, tylko przekazali go za darmo armii brytyjskiej – zgodził się Militarek.

– A ten znowu o wojnie – mruknął Wierszynek.

– Detektor min uratował życie tysiącom żołnierzy w czasie drugiej wojny światowej. Używano go w czasie walk w Afryce, a potem na innych frontach. Co masz przeciwko wynalazkom wojskowym? Przydają się też w czasie pokoju – nie zgodził się wojownik.

– Prawda, ale wolę Ignacego Łukasiewicza. Skonstruował lampę naftową. Można było przy niej czytać, a w roku 1853 lwowscy lekarze użyli dużych lamp naftowych podczas nocnej operacji. Dawały więcej światła niż świece i były od nich tańsze.

– Żaden wynalazek nie jest całkiem dobry ani całkiem zły. – Historynek próbował pogodzić przyjaciół. – Wiele zależy od tego, jak się go wykorzysta. Energia atomowa też daje prąd i światło, a więcej się słyszy o bombach atomowych.

Militarek pokiwał głową ze zrozumieniem.

– Polacy nie rozbijali niczego na atomy. Ale masz rację. To trochę tak, jak z rakietami. Są rakiety ratownicze, kosmiczne, transportowe, fajerwerki, a najczęściej mówi się o broni rakietowej. A wynalazcą pierwszej europejskiej rakiety kosmicznej był Polak – Konstanty Ciołkowski.

– Trochę zmyślasz. Ciołkowski urodził się i pracował w Rosji – poprawił go Wierszynek.

– Bo był synem polskiego szlachcica Edwarda Ciołkowskiego, którego car zesłał w głąb swojego państwa za udział w powstaniu – wyjaśnił Historynek.

– Podobnie było z innymi polskimi patriotami. Ernest Malinowski musiał uciekać z ojczyzny, bo brał udział w powstaniu listopadowym. No i dlatego jest bohaterem narodowym Peru – popisał się Militarek.

– Za udział w powstaniu przeciw carowi doceniono go w Ameryce Południowej? – powątpiewał miłośnik poezji.

– Zbudował tam najwyższą na świecie kolej[*]. Przez góry Andy. Prawie 5000 metrów nad poziomem morza! Z tunelami, mostami i półkami skalnymi. Niczego nie wynalazł, ale był jedynym człowiekiem, który miał pomysł, jak budować szlaki kolejowe w tak niedogodnych warunkach.

– Tak to bywało w historii, że Polacy tworzyli wynalazki w innych krajach albo musieli pytać o zgodę zaborców. Jan Szczepanik zdobył uznanie cara, gdy wynalazł kamizelkę kuloodporną – zamyślił się Historynek. – Car Mikołaj II chciał go uhonorować medalem. Szczepanik nie przyjął rosyjskiego odznaczenia. Zadowolił się innym prezentem – złotym zegarkiem.

– Tkanina kuloodporna uratowała życie królowi Hiszpanii Alfonsowi XIII. Kareta królewska była obita specjalnie tkanym jedwabiem, wzmocnionym metalowymi płytkami. Gdy zamachowcy zdetonowali bombę, odłamki utkwiły w materiale. Polski wynalazca przyjął hiszpańskie odznaczenie, ale od zaborczego cara nie chciał medali – podsumował Militarek.

– Jan Szczepanik to barwna postać – uśmiechnął się Historynek. – Opatentował kilkaset nowych pomysłów z dziedziny tkania materiałów, fotografii kolorowej, filmu dźwiękowego, a nawet telewizji! Już sto lat temu wymyślił, jak przekazywać obraz i dźwięk na

---

[*] Pierwszy odcinek kolei transandyjskiej oddano do użytku w roku 1878. Cała główna linia ukończona została w roku 1893.

odległość. A firma Kodak stała się jedną z najbardziej cenionych na rynku dzięki wykorzystaniu polskiej technologii.

– Szczepanik musiał być bogatym człowiekiem – zadumał się Wierszynek.

– Nie. Dwa razy bankrutował. Patenty przyniosły mu wiele pieniędzy, alc ożenił się, miał pięcioro dzieci i dalej budował laboratoria. Polscy konstruktorzy wykrywacza min też za całą zapłatę dostali list z podziękowaniem od króla angielskiego. Czasami myślę, że wynalazcy potrzebują głównie swobody. Inżynier elektronik Jacek Karpiński też miał kłopoty z pracą i pieniędzmi – przypomniał Historynek.

– Jemu też przeszkadzali zaborcy?

– Należał do Armii Krajowej i walczył w powstaniu warszawskim. Kiedy w Polsce rządzili komuniści, nie mógł liczyć na dobre traktowanie – tłumaczył Militarek.

– Mimo to skonstruował między innymi elektroniczną maszynę do przewidywania pogody, a na początku lat siedemdziesiątych XX wieku najszybsze na świecie komputery. Ale władzom jego wynalazki się nie podobały. Odmówiono Karpińskiemu prawa wyjazdu za granicę, bo był za mądry, a w ojczyźnie nie mógł pracować. No to wyjechał pod Olsztyn i zaczął hodować kury i prosiaki – zarumienił się znawca historii.

– Odznaczenia wojskowe dostał za walkę w czasie wojny. A te najważniejsze cywilne, za wynalazki, to dopiero pośmiertnie... – zmarszczył brwi Militarek.

– Ale bywa i tak, że naukowiec zostaje prezydentem – pocieszył przyjaciół Wierszynek. – Ignacy Mościcki opracował metodę produkowania kwasu azotowego z powietrza. No, nie tylko z powietrza, ale i tak tanio. Skonstruował też kondensatory wysokiego napięcia i bezpieczniki. Na Kongresie Elektrotechników we Fryburgu pokazał, jak w ciągu sekundy wywołać sto sztucznych piorunów. Jego wynalazki chroniły między innymi wieżę Eiffla.

– No to po co został prezydentem? Nie lepiej było odkrywać kolejne tajemnice elektryczności i chemii? – Militarek wzruszył ramionami.

– Taka polityka. Marszałek Piłsudski chciał kogoś zaufanego na najwyższym stanowisku. Kto zrozumie wynalazców? – machnął ręką Historynek.

Szukanie kultury

Militarek zdjął z głowy hełm i wybierał nim wodę z ogromnej miski.

– Co ty robisz? Znowu bawisz się w wojnę? – zapytał go Wierszynek.

– Szukam kultury – odpowiedział wojowniczy mól, nie przerywając pracy.

– Na dnie miski z brudną wodą?! Zaprowadzę cię lepiej do *Encyklopedii teatru* albo pokażę jakiś album z obrazami wielkich malarzy.

– Woda nie jest brudna, tylko wczorajsza. Wsypałem do niej trochę kredy, żeby zmętniała. A na dnie leży książka o Prasłowianach.

– Oszalałeś! Zniszczysz księgę! Historynku, na pomoc! – Wielbiciel poezji złapał się za głowę.

– Co się dzieje? Na chwilę nie można zostawić was samych! – Znawca historii wychylił się zza okładki *Kroniki polskiej* Galla Anonima.

– Wytłumaczę wam. – Militarek założył hełm, zapominając, że została w nim jeszcze odrobina wody. – W roku 1933 prowadzono prace w Jeziorze Biskupińskim. Wiecie, płynęła rzeka Gąsawka, łączyła kilka zbiorników, to żeby uregulować bieg rzeki i oczyścić brzegi, obniżono poziom wody. No i znaleziono zatopione miasto! Dlatego sprawdzam, czy w mojej misce też można odkryć podwodną kulturę. A książkę zapakowałem w folię, żeby jej nie uszkodzić – wytłumaczył, jak potrafił najlepiej.

Historynek podrapał się po głowie i zacisnął wargi, żeby się nie roześmiać.

– Trochę pomieszałeś fakty, Militarku. To prawda, że na dnie Jeziora Biskupińskiego znaleziono dobrze zachowane fragmenty starożytnej osady. Powstała ona ponad siedemset lat przed naszą erą i należała do kultury łużyckiej. Czy tego szukałeś? – Spojrzał przyjacielowi w oczy.

– No… Też… Kultura, to kultura… – zmieszał się wojak.

– Archeolodzy prowadzą różne badania – wtrącił Wierszynek. – W Egipcie przeszukują piramidy i pustynie, bo chcą dowiedzieć się czegoś o faraonach i ich państwie. Na Półwyspie Bałkańskim próbują odkopać wszystko, co zostało po starożytnych Grekach, a w Biskupinie odnaleźli ślady po osadnikach, których zaliczamy do kręgu kultury łużyckiej. To byli przodkowie Słowian, czyli także Polaków.

Znawca dawnych dziejów przysiadł na skaju miski i wyjął z niej książkę. Odpakował, przetarł rękawem i otworzył na ostatniej stronie.

– Wyobraźcie sobie, że kolejne kartki to następujące po sobie stulecia. Archeolodzy zbadali całą historię tego miejsca. Najstarsze odkrycia w Biskupinie to obozowiska łowców reniferów. Po nich powstały pierwsze domy rolników. Osada rozrastała się i w VIII wieku przed naszą erą była już grodem obronnym.

– Czy to znaczy, że badacze znajdywali coraz starsze wykopaliska? – upewnił się Wierszynek.

– Oczywiście. Im głębiej kopali, tym więcej dowiadywali się o historii tego miejsca. Znaleźli ślady po ludziach, którzy zatrzymywali się tam już 10 000 lat temu.

– Bardziej mnie interesuje obronność. Miasto na wyspie musiało być połączone z lądem. Może mieli most? No i palisadę albo coś w rodzaju murów – zastanawiał się Militarek.

– Ponad sto domów ustawionych w szeregi tworzyło jedenaście ulic wyłożonych drewnem. Całość otoczono wałem obronnym z drewna, ziemi i kamieni. Zbudowano też falochron, żeby woda nie rozmywała umocnień. Nie wszystko powstało od razu, ale to był solidny gród, w którym mieszkało koło tysiąca osób.

– Szkoda, że nie znali cementu ani nawet stalowych gwoździ. Mieli żelazne miecze? – Militarek poprawił pas z ładownicami.

– Na początku używali narzędzi i broni wykonanych z brązu. Epoka żelaza jeszcze nie nadeszła. – Historynek cofnął się o kilka rozdziałów, by pokazać, jak malutka osada zmieniała się w miasto.

– Na pewno łowili ryby, uprawiali pola, polowali i zbierali owoce leśne – domyślił się Wierszynek.

– Potrafili też lepić i ozdabiać naczynia z gliny, tkać sukno i wykonywać metalowe narzędzia – uzupełnił przyjaciel.

– No to dlaczego Biskupin nie został pierwszą stolicą Polski? – nie wytrzymał Militarek.

– Bo nie było jeszcze Polski ani nawet plemion Wiślan, Polan i Mazowszan. Istniała wcześniejsza kultura łużycka.

– A nie mówiłem, że znajdę kulturę! – triumfował wojowniczy mól.

– W misce z wodą. Ciekawe dawne czasy, ale co to za archeologia? – prychnął Wierszynek.

– Normalna. Gdybym szukał wiadomości o dawnym Egipcie, tobym nasypał piasku i zaopatrzył się w sitko i pędzelek.

– Na świecie przez tysiące lat istniało wiele kultur. Ludzie rozwijali swoje umiejętności, walczyli, handlowali, wędrowali i byli coraz lepiej zorganizowani. Archeolodzy szukają śladów po przodkach na różne sposoby – zamyślił się znawca historii.

– Lepiej mu o tym nie mów. Jeszcze zacznie szukać śladów po najdawniejszych Eskimosach w starych lodówkach – zachichotał Wierszynek.

Wojna

– **C**hować się! Uderzą za niecałe dziesięć minut! Nie spać! Przygotować się do odparcia ataku! – Militarek tarmosił przyjaciół i budował barykadę z książek.

– Oszalałeś? Jest 4.35 nad ranem – ziewnął Wierszynek.

– Niemcy zaczęli strzelać z pancernika Schleswig-Holstein o 4.45! – zawołał Militarek. – Celem była polska składnica wojskowa na Westerplatte w Gdańsku.

Zaspany Historynek odstawił karabin i spojrzał na kalendarz.

– To się wydarzyło 1 września 1939 roku. Do kolejnej rocznicy mamy jeszcze pół roku. – Miłośnik historii przeciągnął się.

Wojowniczego mola to nie uspokoiło.

– Trzeba uważać. Z hitlerowcami nigdy nie wiadomo. Zaatakowali bez wypowiedzenia wojny na całej linii frontu. Zbombardowali kilkadziesiąt miast. Na Wieluń bomby spadły o dwie minuty wcześniej, niż rozpoczął się obstrzał Westerplatte. – Wytoczył działo obrony przeciwlotniczej.

– O te dwie minuty nie miałbym do nazistów pretensji. Samoloty startowały z różnych lotnisk i mimo dokładnego ustalenia czasu ataku, kilka eskadr* mogło znaleźć się nad celami odrobinę wcześniej. Tak samo kilka innych mogło się trochę spóźnić. Dlatego uznaje się, że wojna rozpoczęła się w momencie pierwszej salwy

---

* eskadra – jednostka lotnicza składająca się z około dziesięciu samolotów

z pancernika, który kilka dni wcześniej wpłynął do Gdańska z grzecznościową wizytą. – Historynek przetarł oczy i przysiadł na regale.

Wierszynek, który już wracał między karty *Sennika*, zatrzymał się.

– Dowódca okrętu oznajmił, że celem wizyty jest uczczenie niemieckich marynarzy pochowanych na gdańskim cmentarzu. Nie wypadało odmówić składania wieńców. Zapewniał, że na Schleswigu nie ma bojowej amunicji – przypomniał sobie.

– A pod pokładem przywiózł oddział piechoty marynarskiej – prychnął Militarek.

– Nazistom zależało na tym, by Europa uznała Polskę za napastnika. W sierpniu przeprowadzili kilkadziesiąt prowokacji, które miały usprawiedliwić ich napad. W Gliwicach, które przed wojną należały do Niemiec, przebrani w cywilne ubrania Niemcy zaatakowali radiostację i nadali komunikat, że to Polacy na nią napadli. Dwie godziny później wszystkie stacje radiowe na terenie Niemiec potwierdziły, że powstańcy śląscy i wojsko polskie rozpoczęły wojnę – pokiwał głową Historynek.

– Niestety, hitlerowcom udało się wprowadzić w błąd naszych sojuszników. Ani Francja, ani Anglia nie wysłały wojsk do walki, tłumacząc, że nie wiadomo, kto ją rozpoczął. Nasi sprzymierzeńcy wypowiedzieli Niemcom wojnę, ale tylko na papierze – pociągnął nosem miłośnik sztuki.

– Dlatego Francja przegrała z Niemcami, gdy ci najechali na nią w roku 1940. Niemcy używali czołgów, samolotów i prowadzili wojnę błyskawiczną. Francuzi czuli się bezpieczni, bo myśleli, że bezpieczeństwo zapewnią im bunkry i umocnienia wzdłuż granicy. A napastnicy po prostu objechali linię obrony i zaatakowali z boku. Podobnie walczyli w Polsce, którą napadli z trzech stron. Omijali fortyfikacje i uderzali zmotoryzowaną armią w słabiej bronione miejsca – tłumaczył Militarek.

– I tak nie udało im się pokonać Polaków błyskawicznie. Westerplatte, którego broniło 200 żołnierzy przeciwko 3500 napastników, poddało się dopiero po tygodniu. Bitwa graniczna trwała trzy dni. Obrona Warszawy – aż trzy tygodnie! Niemcy tracili przewagę, jaką dawała im szybkość i zaskoczenie. Polskie wojska wycofywały się na kolejne linie obrony i dalej walczyły! – Wojowniczy mól nie dał sobie przerwać.

– To prawda, ale musieliśmy poddać się, bo 17 września zaatakowali nas Rosjanie. Ministrowie Hitlera i Stalina podpisali w imieniu władców pakt, w którym uzgodnili, że wspólnie podbiją Polskę i podzielą się naszymi ziemiami. Rosjanie też wkroczyli bez wypowiedzenia wojny, a my musieliśmy walczyć na dwa fronty – ostudził go znawca historii.

– Gdyby nasi sojusznicy uderzyli na hitlerowców, to Niemcy walczyłyby na dwa fronty. A wtedy Sowieci nie pomogliby nazistom, bo po co mieliby popierać przegrywających? – Wierszynek popisał się logicznym wnioskiem.

– Ale tak się nie stało. Wojna ogarnęła cały świat i trwała prawie sześć lat. Zginęło w niej ponad 70 milionów ludzi, z czego po-

łowa nie była żołnierza-
mi. Dopuszczano się mor-
dów i zbrodni. Samoloty
bombardowały miasta, za-
bijając ludność cywilną.
Niemcy chcieli wynisz-
czyć inne narody w obo-
zach śmierci. Rosjanie za-
bijali jeńców wojennych.
Amerykanie zrzucili dwie
bomby atomowe na japoń-
skie miasta – Hiroszimę
i Nagasaki. Świat zdziczał
i oszalał – zadumał się
Historynek.

– Wychodzi na to, że w średniowieczu walczono bardziej sprawiedliwie. Po rycersku. Też ginęli niewinni, ale przynajmniej prze-
strzegano prawa wojennego – pocieszał się Wierszynek.

Militarek milczał, jakby próbował znaleźć jakieś wytłumacze-
nie dla prowadzenia wojen.

– Co innego napadać, a co innego się bronić. Czym innym jest
walka dwóch armii, a czym innym mordowanie bezbronnych – wymyślił, jak potrafił.

– Czyli wojny są dobre? – zapytał Historynek.

– Są złe, ale każdy ma prawo do obrony. Do spokojnego życia we własnym kraju – nie ustąpił wojownik.

– Niemcy i ich sprzymierzeńcy wojnę przegrali, ale to dla nas niewielkie pocieszenie. Po władzę sięgnęli komuniści, zwolennicy Stalina i przez następne 45 lat polski rząd robił to, co mu nakazała Rosja. W dodatku musieliśmy podarować Sowietom duże obszary ziemi na wschodzie. – Historynek wszedł za okładkę *Historii najnowszej*.

– Ale teraz nic nam nie grozi? – Wierszynek podreptał w stronę książki o odbudowie Warszawy.

– Wolę być przygotowany. W sprawach wojny nic się nie zmienia od wieków. – Militarek pozostał na warcie, wypatrując wroga zza grzbietu *Wojny peloponeskiej*.

Nadludzie i podludzie

– **P**obawimy się w coś nowego? – spytał Militarek.

– Nie mam ochoty. Znowu musiałbym strzelać – nie zgodził się Wierszynek.

– Ależ skąd! Nie będziesz miał broni. Nawet nie powinieneś jej mieć. To sprzeczne z prawem. A gra ma bardzo proste reguły – kusił wojak.

– No jeśli tak, to zgoda. Czy to jakiś sprawdzian z historii?

– Z historii i nie tylko. Z bycia porządnym molem. – Militarek nie chciał ujawniać szczegółów.

– To może i ja dołączę? Jak się nazywa ta tajemnicza gra? – Historynek stanął obok przyjaciół.

– Nie ma nazwy. Właściwie to mogłaby się nazywać *Prawo dla Żydów* – kręcił miłośnik wojen.

– Chodzi o prawa nadane Żydom przez Henryka Pobożnego w XIII wieku czy o potwierdzenie praw przez Kazimierza Wielkiego? – dopytywał się znawca historii.

– Raczej o wiek XX w całej Europie – mruknął Militarek.

– Nie gram w to i tobie też odradzam. – Historynek pociągnął Wierszynka za rękaw.

– Tylko przez pół godziny. Boisz się, że nie wytrzymasz? – upierał się Militarek.

– Zgoda. Poradzę sobie – miłośnik sztuki był przekorny.

Historynek machnął ręką i przysiadł z boku. Próbował jeszcze dawać rękami znaki i zachęcał przyjaciela do ucieczki.

– Na początek podaruję ci opaskę na ramię, żeby było wiadomo, że jesteś Żydem. – Militarek naciągnął Wierszynkowi na ramię biały pasek materiału z sześcioramienną gwiazdą.

– Ładna. Mogę ją potem zatrzymać? – ucieszył się znawca sztuki.

– Jeszcze nie wiadomo, co będzie potem, ale na razie masz obowiązek ją nosić. – Wojownik wykręcił się od odpowiedzi.

– No to już rozumiesz, że wpadłeś po uszy. Nie chodzi o to, że masz prawo nosić gwiazdę Dawida, symbol religijny, tylko o to, że nie masz prawa jej zdejmować – rozłożył ręce Historynek.

– Potem porozmawiamy. Na razie wyprowadź się ze swojego regału – przerwał im Militarek.

– Ale dlaczego? Masz własne półki – buntował się Wierszynek.

– Bo w tej grze ja jestem hitlerowcem – rasistą, i twój regał mi się należy. Potrzebuję więcej miejsca dla siebie.

– To nienormalne. Mogę ustąpić, ale to niesprawiedliwe. A podobno mieliśmy bawić się w *Prawo dla Żydów*. Poczekaj, spakuję książki i pójdę sobie – oburzył się Wierszynek.

– Książki zostają, bo teraz są moje. Zabieram cały twój majątek!

– To kradzież! Co to za prawo?! – Tupnął nogą wyrzucony z mieszkania.

– Normalne prawo rasistowskie. Ja jestem nadczłowiekiem, więc wszystko mi wolno, a ty jesteś gorszy, więc musisz mnie słuchać – wytłumaczył Militarek. – I nie tup, bo oberwiesz.

– Chyba jednak postaram się o porządny karabin – mruknął pod nosem oszukany mól.

– To sprzeczne z nowym prawem. W roku 1934 Adolf Hitler wprowadził zakaz posiadania broni. Powiedział, że teraz żyjemy w państwie bezpiecznym, więc prywatna broń nie jest nikomu potrzebna. A zwłaszcza Żydom – zmarszczył brwi.

– Poszukam czegoś ciekawego do czytania i jakoś wytrzymam te pół godziny. – Wierszynek odwrócił się do oprawcy plecami.

– Książek nie dotykaj. Będziemy je przeglądać i niektóre spalimy. Nie należy czytać o tym, że wojna jest zła, że ludzie mają różne poglądy. Szkodliwe są też książki napisane przez Żydów – rzekł poważnie Militarek.

– Nie mówisz serio… – wyszeptał Wierszynek pobielałymi wargami.

– On nie żartuje. Po dojściu Hitlera do władzy naziści spalili około 25 000 książek w jeden dzień. Nowa władza ustalała nowe prawa – wyjaśnił Historynek.

– Możesz zamieszkać na najniższej półce w kącie. I nie ruszaj się stamtąd, bo oberwiesz. Tak musi być, bo Żydzi tylko zawadzają i roznoszą zarazki. Za to ja jestem mądry i piękny. – Militarek poprawił pas z nabojami.

– Historynku, ratuj! Ta zabawa jest okrutna!

– Podrzucę ci coś do jedzenia, ale dopiero gdy nasz rasista nie będzie patrzył. A wieczorem spróbuję cię ukryć – szepnął Historynek.

– Pomoc Żydom jest karana śmiercią. Wszystko słyszałem. Powinienem was obydwu zastrzelić, ale…

Militarek podszedł do zegara i przestawił wskazówki.

– Powiedzmy, że minęło pół godziny i zabawa skończona. Możesz wyjść z kąta – wyglądał na zawstydzonego.

– Ciesz się, ofermo, że to było na niby. Jak można grać w *Prawa dla Żydów*, jeśli w hitlerowskich Niemczech Żydzi nie mieli żadnych praw? Najgłupsza gra, jaką wymyślił nasz wojskowy myśliciel – znawca historii skarcił obydwu przyjaciół.

– Problem w tym, że wielu ludzi dało się nabrać propagandzie Hitlera. Demokratycznie wybrali go kanclerzem Rzeszy Niemieckiej. Mówił wtedy: „Dajcie mi cztery lata, a nie poznacie Niemiec!". No i zmienił je w państwo totalitarne – podrapał się po głowie Militarek.

– Od początku mówił, że nie lubi Żydów, ale nie ogłosił pierwszego dnia po objęciu władzy, że chce wszystkich wymordować – zgodził się Historynek.

– Za co wymordować? Przecież to jakaś kompletna głupota! – Wierszynek nie potrafił zrozumieć nowego prawa.

– Zabijasz kogoś gorszego, a jego majątek przechodzi na własność państwa. Gorszy nie żyje, więc ktoś lepszy może zająć jego miejsce. W ten sposób można zapewnić wszystkim Niemcom pracę i lepsze mieszkanie. Wystarczy podzielić ludzi na gorszych i lepszych.

– Przecież to zbrodnia! Samo siedzenie w kącie było upokarzające – upierał się miłośnik sztuki.

145

– Takie dzielnice, przeznaczone tylko dla Żydów, nazywano gettami. W prawie wszystkich państwach podbitych przez hitlerowców wyznaczano takie obszary. Kiedy wszystkich Żydów osadzi się w jednym miejscu, prościej wywozić ich potem do obozów zagłady*. Taka zbrodnia oficjalnie nazywa się „ostatecznym rozwiązaniem kwestii żydowskiej". To brzmi lepiej niż ludobójstwo czy zagłada narodu – tłumaczył Militarek.

– Obozy zagłady? To się nie mieści w głowie! Rozumiem, że przestępców zamyka się w więzieniach, ale jak można zwykłych ludzi...?

– Można. Trzeba najpierw ustanowić prawo, że nie są ludźmi, a potem to już wszystko można... – pokiwał głową Historynek.

– Na szczęście Hitler przegrał wojnę i jego „Tysiącletnia Rzesza" nie wytrzymała nawet piętnastu lat. Ale oprócz ogromnych strat na frontach i zniszczonych miast śmierć poniosło prawie 6 000 000 Żydów tylko za to, że byli Żydami – dodał Militarek.

– W warszawskim getcie wybuchło powstanie, gdy Żydzi zrozumieli, że wszyscy zginą w obozach zagłady. Wybrali walkę i śmierć z bronią w ręku. Za pomoc Żydom w okupowanej Polsce karano śmiercią. Polacy i tak pomagali, bo historia Żydów polskich sięga początków naszego państwa. Osiedlali się tutaj, bo Polska była krajem, w którym mogli bez przeszkód wyznawać swoją religię i zachować obyczaje – zauważył Historynek.

---

* obóz zagłady – zamknięty obóz przeznaczony do przeprowadzania masowych morderstw

– Dlatego denerwuje mnie, gdy mówi się o „polskich obozach koncentracyjnych" i „polskim antysemityzmie". To były hitlerowskie obozy na terenie Polski. Tutaj było najwięcej Żydów w Europie. Przecież nie osiedliliby się w kraju nieprzyjaznym – mruknął Militarek.

– Na pocieszenie mamy ponad 6000 medali Sprawiedliwy wśród Narodów Świata, przyznawanych nie-Żydom za ratowanie Żydów. Najwięcej na świecie. Ale wolałbym, żeby nie było ani wojny, ani zagłady, ani medali – pociągnął nosem Wierszynek i schował się za okładką *Sztukmistrza z Lublina*.

Ukochany socjalizm

Historynek założył czerwony krawat i przemówił:

– Możecie robić, co się wam podoba. Skończyła się druga wojna światowa i Polska nie jest już okupowana przez Niemców.

– Ale na terytorium kraju dalej stacjonują wojska sowieckie. Nie wygląda na to, żeby chciały się stąd wynieść – mruknął Militarek.

– To dlatego, że Związek Radziecki jest naszym najlepszym przyjacielem – wyjaśnił znawca historii.

– Czy to prawda, że polski rząd nie może niczego zrobić, zanim nie zapyta o zgodę Rosjan? – dołączył do rozmowy Wierszynek.

– Ależ skąd. Pyta, bo lubi wiedzieć, co najlepszy przyjaciel myśli o naszych pomysłach.

– Straciliśmy ogromne obszary ziemi na wschodzie. Polacy mieszkający we Lwowie przesiedlani są do Wrocławia! – nie rezygnował Militarek.

– Nieomylny Związek Radziecki postanowił, że wschodnia część Polski będzie teraz jedną z jego republik, Socjalistyczną Ukrainą. Za to podarował nam ziemie zdobyte podczas wojny, należące wcześniej do Niemiec. Doceńcie to! – Historynek poprawił krawat.

– Czyli nowy przyjaciel dał nam to, co do niego nie należało, a zabrał naszą własność – zauważył Wierszynek.

– Tego lepiej nie mów, bo dostaniesz porządne lanie i pójdziesz do więzienia – ostrzegł mól historyczny.

– Dlaczego?! Powiedziałeś, że możemy mówić wszystko! – oburzył się miłośnik poezji.

– Możecie głośno chwalić Związek Radziecki, zachęcać do odbudowy kraju, potępiać hitlerowców i cieszyć się z dobrobytu – wyjaśnił nowy dyktator.

– Jakiego dobrobytu? W sklepach nie ma towaru, a ludzie zarabiają niewiele. W dodatku musimy wysyłać Rosjanom mięso, rudę żelaza, węgiel i maszyny! – zdenerwował się Militarek.

– To prawda, ale nie wypada pisać o tym w gazetach. Dlatego powstał urząd, który decyduje, co wolno napisać, a czego nie. Ludzie nie rozumieją, co powinno im się podobać, więc władza ich kontroluje. Dzięki temu wszyscy wiedzą, co powinni myśleć i mówić.

– Wygląda na to, że okupacja hitlerowska niczym się nie różni od przyjaźni ze Związkiem Radzieckim – szepnął Wierszynek.

– Mylisz się. Niemcy palili książki swoich przeciwników, a socjaliści wysyłali je do papierni, gdzie je mielono, by wydrukować na uzyskanym w ten sposób papierze mądrzejsze dzieła. – Historynek uniósł dumnie głowę.

– Mam wrażenie, że wszyscy pokochali socjalizm, bo nie mieli innego wyjścia. Ale tego nie można nazwać przyjaźnią! – warknął Militarek.

– Masz rację. Wielu ludzi nie chciało, by Polska była krajem zależnym od Rosji. A to znaczy, że byli wrogami Polskiej Rzeczypospolitej Ludowej. Wrogów trzeba pozabijać, zamknąć w więzieniu albo wypędzić z kraju. Wtedy pozostaną tylko przyjaciele i wszyscy będą chcieli żyć w ustroju socjalistycznym i brać przykład z Rosjan. – Historynek wręczył mu czerwoną chorągiewkę.

– Ale to jest niezgodne z prawem. To jedno wielkie kłamstwo. Łamanie praw człowieka! – pisnął Wierszynek.

Historynek zmarszczył brwi i pogroził mu palcem. Otworzył Konstytucję PRL i przeczytał:

– „Polska Rzeczpospolita Ludowa zapewnia obywatelom wolność słowa, druku, zgromadzeń i wieców, pochodów i manifestacji". Socjalizm gwarantuje także wolność sumienia, prawo do pracy, wypoczynku, ochrony zdrowia i nauki. Sam towarzysz Stalin, przywódca Związku Radzieckiego, wprowadził do naszej konstytucji około pięćdziesiąt poprawek. Doceń to!

– Ale to nieprawda. – Wojownik odebrał czytającemu książeczkę i sam wskazał palcem inny fragment: – „Siły zbrojne Polskiej Rzeczypospolitej Ludowej stoją na straży suwerenności i niepodległości Narodu Polskiego, jego bezpieczeństwa i pokoju". To dlaczego polskie wojsko najechało Czechosłowację, gdy chciała wprowadzić reformy i złagodzić socjalizm? Dlaczego strzelano do robotników na Wybrzeżu, gdy zaprotestowali przeciwko podwyżce cen żywności?

– Musisz zrozumieć, że o polityce i gospodarce decydowała jedna partia, która miała zawsze rację. W wolnych wyborach ludzie głosowali na PZPR[*], bo jeśli masz do wyboru tylko jedną partię, to łatwiej podjąć decyzję – bronił się dyktator.

– Czyli mogę swobodnie wybrać do zjedzenia jabłko, banana albo pomarańczę, ale i tak dostanę jabłko – zrozumiał miłośnik poezji.

– Część jabłka. Musisz się podzielić z Rosją i partią, która pozwoliła ci je wybrać – socjalista poprawił myśliciela.

_____

[*] PZPR – Polska Zjednoczona Patria Robotnicza; jedyna legalna partia w Polsce Ludowej, podporządkowana Komunistycznej Partii Związku Radzieckiego

– Przecież tak się nie da żyć! To musi być jakieś okropne kłamstwo – nie dał się przekonać Wierszynek.

– Ale za to możesz się dowiedzieć z gazet i telewizji, że żyje ci się coraz lepiej, a Polska Ludowa jest potężnym krajem. Wszystko dzięki socjalistycznej gospodarce i przyjaźni ze Związkiem Radzieckim.

Militarek odciągnął przyjaciela za regał.

– Nie gadaj z nim. To nie ma sensu. Po drugiej wojnie światowej komuniści** zagarnęli władzę, wymordowali patriotów i wprowadzili swoje prawa. Na wszystko mieli dobrą odpowiedź. Jeśli komuś nie podobały się ich rządy, to można go było oskarżyć o szpiegostwo albo o cokolwiek innego. Sędziowie też służyli partii, więc dało się skazać każdego. Nie można było nawet wyjechać, bo ludziom nie pozwalano opuszczać kraju. Wszystkie wiadomości cenzurowano, więc z radia i gazet ludzie mogli się dowiedzieć tylko tego, co dla władzy było wygodne. Komuniści dostali władzę od Rosji, więc musieli słuchać jej wskazówek. Dla niepoznaki nazwali się socjalistami, a sposób rządzenia – demokracją ludową.

– Równie dobrze mogli się obwołać królami albo Marsjanami. Jeśli wszystko jest oszustwem, to po co mówić o sprawiedliwym

---

** komuniści – tu: politycy i działacze narzucający wszystkim własne sądy, w sposób bezwzględny kontrolujący wszystkie dziedziny życia; taki sposób rządzenia został narzucony Polsce przez sąsiednie ZSRR po drugiej wojnie światowej

państwie? Nic dziwnego, że ludzie się buntowali – prychnął Wierszynek.

– Problem w tym, że po wojnie Europa została podzielona na dwie części. Polska, podobnie jak kilka innych państw, znalazła się pod kontrolą Związku Radzieckiego. Trudno było się buntować, bo sowieci dobrze nas pilnowali. Dopiero dziesięć lat po wojnie, gdy zmarł Stalin, trochę złagodzono terror. Część Polaków wmawiała sobie, że w socjalizmie też da się normalnie żyć.

– Wszystko słyszę. Mam prawo was podsłuchiwać, bo dbam o bezpieczeństwo socjalistycznej ojczyzny. Zostaniecie oskarżeni o zdradę. – Podszedł do nich Historynek.

– Sam widzisz, że oprócz Armii Radzieckiej mamy jeszcze na karku tajną policję i donosicieli. Znowu będziemy musieli walczyć – warknął Militarek.

– Będę dla was łaskawy i tym razem wam daruję. Idę sobie. – I Historynek zdjął czerwony krawat.

– Zaraz, zaraz! A kto odpowie za przemoc i niegospodarność? – przytrzymał go Wierszynek.

– Surowe prawo było konieczne, więc nie czuję się odpowiedzialny za strzelanie do ludzi. A gospodarka Polski Ludowej jest sama sobie winna – tak długo odnosiła sukcesy i tak długo się bogaciła, że aż nie zostało nam nic. Kasa partii jest pusta. Jeśli dacie mi szansę, to mogę jeszcze trochę wami porządzić, ale pożyczcie mi pieniądze, bo rząd socjalistyczny stale walczy o pokój i dobrobyt obywateli.

– Co on gada? Przez czterdzieści pięć lat rujnował kraj i prześladował ludzi, a teraz chce dalej nam „pomagać"? – osłupiał miłośnik sztuk pięknych.

– Poradzimy sobie – klepnął go w plecy Militarek. – Polska odradzała się po wojnach, zaborach, rozbiciu dzielnicowym, to i po okupacji socjalistów możemy odbudować kraj. Najbardziej obawiam się tego, że nasz wróg odchodzi…

– To dobrze, że nie będzie się już wtrącał do polityki i gospodarki – zauważył Wierszynek.

– Komuniści to kłamcy – rzekł Militarek. – Niewolę nazywają wolnością, wojnę – walką o pokój, łamanie prawa – sprawiedliwością dziejową, nieudolne zarządzanie – gospodarką planową. No to jeśli mówi, że odchodzi, to co ma na myśli?

– Przecież nie będę za nim biegł i prosił, żeby wrócił. Ale jeśli i tak wróci, to go poznamy i nie dopuścimy do władzy – tupnął nogą znawca sztuki.

– Zmieni krawat i będzie udawał, że cały się zmienił – prychnął Militarek. – Możemy go poznać tylko po tym, że jak zwykle kłamie…

Historię
piszą
zwycięzcy

– **P**olska po drugiej wojnie światowej wygląda jak książka z powyrywanymi kartkami – zauważył Wierszynek.

– Sowieci* narzucili nam nowy rząd i ustrój. W ciągu pięciu lat zginęło 25 000 osób. Nie mogę się doliczyć uwięzionych, przesiedlonych, deportowanych i zamordowanych. Na wprowadzeniu i utrwaleniu nowej władzy ucierpiały prawie dwa miliony Polaków. Zniknęli, czy co? – Militarek próbował coś policzyć, ale brakowało mu informacji do rozwiązania zagadki.

– Wszyscy stracili, bo socjalizm był nieudolny. Z każdym rokiem zostawaliśmy w tyle za krajami, które odbudowywały się po wojnie. Polska niby się rozwijała, ale państwo było coraz biedniejsze – rozłożył ręce Historynek.

– Ludzie chcieli wolności i dobrobytu. Dziesięć lat po wojnie wiedzieli już, że w socjalizmie nie ma ani jednego, ani drugiego.

---

* Sowieci – obywatele Związku Radzieckiego

Dlatego pomimo terroru zaczęli się buntować. Na co komu książka, której nie da się czytać? Na co ustrój, w którym nie da się żyć? – filozofował miłośnik sztuki.

– W Poznaniu, w czerwcu roku 1956, wyszło na ulice 100 000 robotników, by domagać się lepszej zapłaty za pracę i obniżenia cen. Rząd wysłał przeciwko nim wojsko i czołgi. Zginęło kilkadziesiąt osób. W gazetach napisano, że uliczną bitwę wywołali agenci obcych wywiadów – mruknął ponuro Militarek.

– W roku 1968 studenci domagali się wolności słowa. Rozpędzały ich oddziały Milicji Obywatelskiej, a o zamieszanie oskarżono Polaków żydowskiego pochodzenia – dodał Wierszynek.

– Dwa lata później na Wybrzeżu protestowano przeciwko kolejnym podwyżkom cen żywności. Znowu wojsko i milicja strzelały do manifestantów. Zginęło ponad czterdzieści osób, a tysiąc zostało rannych. Kierownictwo partii nie powiedziało nawet „przepraszam". Młodsi socjaliści zepchnęli odpowiedzialność na swoich szefów i zajęli ich miejsce. – Historynek pokazał, że też wie niejedno.

– Władze nie miały żadnego pomysłu na polepszenie losu obywateli. Nauczyły się tylko, że przed ogłoszeniem kolejnych podwyżek cen trzeba postawić w stan gotowości milicję. Stworzono nawet specjalne oddziały do tłumienia zamieszek: ZOMO. W roku 1976 oceniono, że ludzie zbuntują się w największych miastach, więc tam wysłano większość pałkarzy. A protest wybuchł w Radomiu. Skończyło się, jak zwykle, zrzuceniem winy na chuliganów i warchołów.

Zginęły trzy osoby, dwieście zostało rannych, a prawie tysiąc stracił pracę. – Wojowniczy mól wstydził się za ludzi w mundurach.

– W PRL-u ludzie buntowali się z różnych powodów. Jednym doskwierał brak wolności, drugim niesprawiedliwość, a jeszcze innym drożyzna. Widzieli też, że rządzący socjaliści zwalczają Kościół katolicki, kradną i kłamią. Na handlu z bratnim Związkiem Radzieckim straciliśmy kilkaset milionów dolarów, bo oddawaliśmy Sowietom towary prawie za darmo. Z pięknej książki, jaką była Polska, zostało niewiele poza okładkami – pociągnął nosem Wierszynek.

– Latem 1980 roku strajkowali robotnicy w Świdniku i Lublinie. Władza próbowała to ukryć, ale w sierpniu przerwali pracę stoczniowcy z Gdańska. Potem dołączyły do nich inne zakłady pracy z Wybrzeża, więc rządzący musieli przyznać, że coś się dzieje. Choć wiadomości o strajku były bardzo ograniczone, bo zablokowano połączenia telefoniczne z resztą kraju, to w drugiej połowie miesiąca buntowała się już prawie cała Polska. – Historynek wypiął dumnie pierś, jakby i on brał udział w przemianach.

– Wspólnie z robotnikami do walki stanęli studenci i artyści. Operowi też – podkreślił miłośnik sztuki.

– Ważne, że nowa strategia okazała się skuteczna. – Militarek udawał, że nie dosłyszał. – Robotnicy nie manifestowali na ulicach, ale pozamykali się w zakładach pracy prawie jak w twierdzach. Kolejne fabryki przyłączały się do akcji na znak solidarności. Zatrzymano autobusy i tramwaje. Okazało się, że socjaliści muszą dogadać się z całym krajem, a nie z jednym miastem. Połączone Międzyzakładowe Komitety Strajkowe reprezentowały ponad siedemset zakładów pracy. Rząd musiał zgodzić się na podpisanie postulatów, w których domagano się wolności słowa, podwyżek, przywrócenia do pracy osób zwolnionych z powodów politycznych, a przede wszystkim zarejestrowania Niezależnego Samorządnego Związku Zawodowego „Solidarność"!

– Przebieg strajku i rozmów z rządem relacjonowało kilkuset dziennikarzy z całego świata. W takiej sytuacji trudno wysłać do walki czołgi przeciwko robotnikom – uzupełnił Historynek.

– Strajki stały się legalne, a ludzie zaczęli się dowiadywać, jak Związek Radziecki ich wykorzystuje. Drukowano ulotki i książki na tematy, o których nie wolno było mówić. Polacy zaczęli dopisywać do Księgi Narodu nowe kartki i uzupełniać wyrwane. Wielu ludzi po raz pierwszy usłyszało o zbrodniach i niesprawiedliwościach – pokiwał głową Wierszynek.

– Nic dziwnego, że rząd zaczął myśleć o zniszczeniu „Solidarności". Przez piętnaście miesięcy Polacy cieszyli się względną wolnością, a sztab wojska i partia planowały atak. Gdyby uderzyli zbyt wcześnie, wybuchłoby powstanie. Trzeba było obrzydzić ludziom nowy ruch związkowy, zwalając na „Solidarność" winę za brak towaru w sklepach i coraz gorsze wyniki w gospodarce. Nawet brak prądu i opału na zimę można zrzucić na przeciwnika, gdy ma się na usługach radio i telewizję. – Militarek ostudził zapał przyjaciela. – W nocy z 12 na 13 grudnia 1981 roku Służba Bezpieczeństwa i milicja wyłączyły w całym kraju telefony i zajęły wszystkie stacje radiowe i telewizyjne. W tym samym czasie aresztowano i wywieziono do obozów 5000 działaczy niepodległościowych. Akcję przeprowadzono z soboty na niedzielę. Rano ludzie dowiedzieli się z telewizji, że wojsko przejęło władzę. Oczywiście dla dobra narodu i odbudowy socjalizmu niszczonego przez agresywnych działaczy opozycji.

– Granice zamknięto, wprowadzono godzinę milicyjną[**], czołgi wyjechały na ulice, zabroniono organizowania zgromadzeń i wstrzymano druk gazet. Ludzie nie byli pewni, czy władza nie zacznie do nich strzelać. Mimo to próbowali oporu. Manifestantów rozpędzano, do robotników strajkujących w zakładach pracy wysyłano oddziały ZOMO. W pierwszym tygodniu stanu wojennego zginęło ponad dziesięć osób. Trudno policzyć, ilu zmarło, bo przez zablokowane telefony pogotowie ratunkowe nie mogło udzielić im pomocy – pokiwał głową Historynek.

– Stan wojenny trwał półtora roku i utwierdził ludzi w przekonaniu, że z rządzącymi nie można się porozumieć. Wiele towarów sprzedawano tylko w ograniczonych ilościach, a pierwszą reformą gospodarczą partii było podniesienie cen. Socjaliści utrzymali się przy władzy, ale mieli problem z buntującym się społeczeństwem i coraz większą biedą w kraju. Dlatego w 1989 roku doszło do rozmów władzy z opozycją. Nazwano je rozmowami Okrągłego Stołu[***]. Udało się wynegocjować częściowo wolne wybory i powtórne zalegalizowanie „Solidarności". Wprowadzono też poprawki do konstytucji. – Wierszynek podskoczył z radości.

[**] godzina milicyjna – zakaz przebywania poza domem od godziny 22.00 do 6.00 rano

[***] Okrągły Stół – mebel w charakterystycznym kształcie koła, przy którym prowadzono rozmowy; mogło przy nim usiąść jednocześnie około sześćdziesięciu osób

Militarek przytrzymał go za rękaw i stuknął palcem w czoło.

– Polacy zagłosowali przeciwko komunistom, a rok później całkiem odsunęli ich od władzy. A gdzie pieniądze? PZPR ogłosiła, że nic nie ma, a zapisy rozmów z ważnych zebrań gdzieś się zapodziały. Zdrajców i morderców nigdy nie osądzono. Ogromne archiwa tajnej policji też dziwnie zeszczuplały. Zniknęły ważne dokumenty, a komuniści rozłożyli ręce i powiedzieli, że niczego nie pamiętają. No to Polacy wygrali czy przegrali? – zapytał.

– Opozycja wywalczyła wolność i dostęp do władzy. Przejęła na mocy umowy o przekształceniu ustroju zrujnowaną gospodarkę, którą społeczeństwo zaczęło odbudowywać, gdy tylko zwrócono mu wolność. No to chyba można ogłosić wygraną Polaków? – zastanawiał się Historynek.

– Najwyżej remis – prychnął Militarek.

– Ale mamy znowu orła w koronie[****]. Nową konstytucję i ustrój demokratyczny. O tym, co złe, czasem lepiej nie pamiętać – szepnął Wierszynek.

– Gdy pozostawia się przestępców na wolności, to nigdy nie wiadomo, co jeszcze wymyślą. Ci sami ludzie, którzy wychwalali socjalizm, zasiedli w parlamencie, sławiąc demokrację. O tajnej policji, która nigdy nie została rozliczona ani ujawniona, nawet nie wspominam. Kto chce, niech wierzy, że służby, które terroryzowa-

---

[****] orzeł w koronie – w okresie PRL-u godło nie posiadało korony, bo przypominałaby ona o tradycjach przedwojennych i królewskich

ły kraj, zrezygnowały z mieszania się w politykę. Jeśli tyle razy odradzała się rozbijana opozycja, to i nierozliczony komunizm może się odbudować.

– No to jak zapisywać kolejne karty książki? Jak uzupełniać te wyrwane? Musi być jakiś sposób! – zdenerwował się Wierszynek.

– Trzeba pamiętać i pisać prawdę. No i mieć trochę rozumu, żeby uczyć się na błędach. – Historynek odpowiedział wymijająco, bo wiedział, że historię piszą zwycięzcy, ale nie był pewien, kto jest zwycięzcą.

Zakończenie

– **D**owiedziałem się o czymś, co powinno was raczej ucieszyć… – kluczył Historynek.

– Nie wysilaj się – przerwał mu Militarek. – Od wczoraj wiem, że nasza biblioteka ma zostać skomputeryzowana. Wywiad wojskowy działa! Lada dzień możemy znaleźć się w sieci bibliotecznej…

– Nie chcę zostać złapany w żadne sieci – wystraszył się Wierszynek.

Mole roześmiały się.

– Nikt cię nie uwięzi. Komputerowe połączenia bibliotek pozwalają wymieniać się informacjami o zbiorach.

– Będę miał łatwiejszy dostęp do całej poezji zgromadzonej w różnych miejscach świata.

– Kto wie? Może połączymy się nawet z Biblioteką Kongresu w Waszyngtonie? Zgromadzono tam ponad dwanaście milionów książek. A ile nowinek wojskowych! Mam tam znajomego mola.

— Obawiałem się, że nie będziecie zachwyceni tą nowością — odetchnął Historynek — ale przecież historia składa się właśnie z kolejnych zmian. Pierwsze biblioteki powstały już w VII wieku przed naszą erą. Najbardziej znana z nich to grecka Biblioteka Aleksandryjska. W średniowieczu gromadzono liczne księgozbiory przy uniwersytetach i klasztorach. Były one wielokrotnie niszczone w czasie wojen — spojrzał wymownie na Militarka.

— Obecnie największe biblioteki w Polsce to Biblioteka Narodowa w Warszawie i Biblioteka Jagiellońska w Krakowie — szybko zmienił temat wojowniczy mól.

— Teraz mamy czasy multimediów, płyt DVD i internetu — pociągnął nosem Wierszynek. — Czy szelest papierowych kart jest jeszcze komuś potrzebny?

— Nie przesadzaj! — klepnął go w plecy Militarek. — Ludzie czytali, czytają i będą czytać.

— Potrzebują wiedzy i rozrywki — dokończył Historynek.

— Świat nie stoi w miejscu. Przez tyle wieków mole walczyły z chochlikami drukarskimi, to teraz będą tępić wirusy komputerowe!

Spis treści

Wydawnictwo Literatura

Jeśli jesteście ciekawi, jak żyło się dzieciom
w fabrykanckich rodzinach w XIX wieku, przeczytajcie:

www.wyd-literatura.com.pl